義務教育9年間の
和楽器合奏プログラム

◆生成の原理の立場から◆

小島律子 著

黎明書房

はじめに

　本書は，教育基本法の提唱する伝統文化教育を，子どもの感性と生活から出発する，21世紀型の学力を育成する学校教育として具体化したものです。

　2008年教育基本法改正では，伝統と文化の充実が前面に出されました。これを機に推進・支援事業が各地で立ち上げられ，学校で伝統文化教育があちこちで試みられるようになってきました。しかし，事業は外部講師派遣であったり教員研修であったりで，その推進の方向は子どもたちの外側に向かっているように思われます。

　外側の制度を整えることはもちろん大事なことですが，そのことと並行して子どもたちから出発する伝統文化教育の内容をつくることが，伝統音楽教育の具体化と普及には必須ではないかと考えました。日本の伝統文化は日本に暮らす子どもたちの経験のどこかに潜んでおり，その感覚は身体化されているものです。伝統文化を子どもたちの外側から教え込むのではなく，そういった子どもたちの日常的な経験を発展させる方向において伝統文化教育を考えていくことが合理的な方法ではないかと考えました。

　そこで，2008年に，大阪教育大学の音楽教育講座に所属する小島律子が附属平野小学校・中学校と連携して和楽器による合奏のプログラムを開発するプロジェクトを立ち上げました。教科の授業としてやるからには当然，学校教育としての学力育成が課題となってきます。学校での和楽器学習は，単発的な体験ではなく，学年を追うごとに連続的に発展していくことが求められます。義務教育9年間を視野に入れ，年間指導計画の中に一つの学習単元として位置づけて，専門家でなくても学級担任でも，だれでもできるプログラムを目指しました。また，プログラムの開発はつねに実践と往還しながら進めました。本書には，ほぼすべてのプログラムの授業風景をDVDにして付けました。

　プロジェクトでは大阪教育大学非常勤講師で箏演奏家の菊冨士純子先生，打楽器演奏家の奥田有紀先生の協力を得ました。大学院生も，開発されたプログラムを公立校で検証実践を行うなど参加してくれました。

　明治時代以来の「音楽といえばドレミファの西洋の音楽」という考え方を改め，日本の伝統音楽を西洋音楽と同等に位置づけて，子どもの成長に寄与する音楽教育を行っていくことが新しい21世紀の学校音楽教育になると期待しています。そこに本書がひとつの手がかりとなれば幸いです。

小島律子

目　次

はじめに　*1*

I　プログラムの理論と立場　*5*

1　趣旨　*6*
　(1)　学校でのもうひとつの器楽合奏の風景　*6*
　(2)　日本の自然や生活を基盤としたわらべうたによる音楽活動　*6*

2　理論的枠組み　*7*
　(1)　生成の原理　*7*
　(2)　音楽的経験の再構成　*8*
　(3)　育てる能力　*9*

3　プログラムの方法原理　*10*
　(1)　わらべうたと箏との関係　*10*
　(2)　「経験－分析－再経験－評価」という単元構成　*11*
　(3)　協同的な学習　*12*

4　プログラムの系統性　*13*
　(1)　音探究から音のコミュニケーションへ　*14*
　(2)　指導内容のラセン的系統性　*14*

II　和楽器合奏プログラムと解説　*17*

はじめに　―プログラムの使用にあたって―　*18*
　(1)　プログラムの見方　*18*
　(2)　調絃（ちょうげん）について　*19*
　(3)　楽器の扱いについて　*19*
　(4)　ＤＶＤについて　*20*
　(5)　プログラム一覧　*20*

目　次

プログラムⅠ　小学校低学年（1・2学年）　*24*

　プログラムⅠ－1－1　箏のいろいろな音色を探究する　*24*

　プログラムⅠ－1－2　箏のいろいろな音色を探究して音楽づくりをする　*25*

　プログラムⅠ－2　ピッチカートでうたに伴奏を付ける　*27*

　プログラムⅠ－3　2音（高低）のわらべうたのふしを弾く　*28*

　プログラムⅠ－4　2音で問答を即興創作する　*30*

プログラムⅡ　小学校中学年（3・4学年）　*32*

　プログラムⅡ－1　爪をつけて2つの音で基本奏法をする　*32*

　プログラムⅡ－2　3音のわらべうたのふしを弾く　*35*

　プログラムⅡ－3　旋律にオスティナートを重ねる　*36*

　プログラムⅡ－4　わらべうたをカノンにして弾く　*38*

　プログラムⅡ－5　民謡音階でできている《林の中から》を弾く　*39*

　プログラムⅡ－6　竹楽器の音色を生かしてリズムを創作する　*40*

　プログラムⅡ－7　《豆がら》のふしに竹楽器で伴奏を付ける　*42*

　プログラムⅡ－8　箏のいろいろな奏法と音色を見つけて《林の中から》の替え歌を弾く　*43*

　プログラムⅡ－9　箏の奏法「スクイ爪」を入れて《川の岸の水車》を弾く　*45*

　プログラムⅡ－10　箏の奏法「コロリン」を入れて《川の岸の水車》を弾く　*46*

プログラムⅢ　小学校高学年（5・6学年）　*48*

　プログラムⅢ－1　平調子で《さくらさくら》を弾く　*48*

　プログラムⅢ－2　問答の形式を生かして平調子で《うさぎ》を弾く　*49*

　プログラムⅢ－3　副旋律を付けて《さくらさくら》を弾く　*51*

　プログラムⅢ－4　《うさぎ》に前奏と後奏をつくる　*52*

　プログラムⅢ－5　琉球音階で自由に音楽づくりをする　*54*

プログラムⅣ　中学校1学年　*56*

　プログラムⅣ－1　篠笛の奏法と音色を探究する　*56*

　プログラムⅣ－2　箏・篠笛・打楽器で《こきりこ》を合奏する　*57*

プログラムⅤ　中学校2・3学年　*59*

　プログラムⅤ－1　三味線の奏法と音色を探究する　*59*

　プログラムⅤ－2　箏・篠笛・三味線で《さくらさくら》を合奏する　*60*

　プログラムⅤ－3　曲構成を考えて創作《天神祭》をつくり，箏・篠笛・三味線・太鼓で合奏する　*61*

Ⅲ 伝統音楽シンポジウム「学校における伝統音楽の教育」 *63*

1 基調講演「21世紀の今,学校で伝統音楽教育を行う意義」 *64*
  (1) ジャーナリストの目からみた世界における日本の伝統音楽 *64*
  　　　　　　吉田純子(朝日新聞東京本社文化部記者)
  (2) 音楽文化からみた世界における日本の伝統音楽 *65*
  　　　―和楽器の可能性と日本の伝統的音楽文化―
  　　　　　　石田一志(音楽評論家)

2 大阪教育大学和楽器プロジェクトの成果の発表 *67*

3 シンポジウム ―海外の授業実践映像とともに― *68*
  (1) 韓国の伝統音楽教育の現状と課題 *68*
  　　　　　　Dr.Kwon, Doug-won(クォン・ドクオン,韓国　京仁教育大学教授)
  (2) ハワイの伝統音楽教育の現状と課題 *73*
  　　　　　　Dr. Drozd, Karen(カレン・ドロッヅ,ハワイ　プナホウ小学校)
  (3) 箏演奏における伝統と創造 *78*
  　　　　　　吉村七重(箏演奏家)
  (4) 全体質疑 *81*
  (5) 総括 *84*

Ⅳ 課題と展望 *85*

1 プログラム開発の成果と課題 *86*
  (1) わらべうたが箏(こと)と結びついて生まれる新しい教材性 *86*
  (2) プログラムの指導内容の系統性の検証 *86*
  (3) 領域に分けられない包括的な学習の可能性 *87*

2 授業論としての伝統音楽教育 *87*

付録
　○プログラム集 *90*
　○教材曲の数字譜 *108*

おわりに *112*
DVD収録プログラムリスト *113*
プロジェクトのメンバー *114*

I

プログラムの理論と立場

1 趣 旨

(1) 学校でのもうひとつの器楽合奏の風景

　音楽室にはピアノ，木琴，タンバリン，トライアングルなどがあります。子どもたちは音楽室にいつもリコーダーや鍵盤ハーモニカを携えてやってきます。そして楽譜を机に置いて，間違わないように練習をして合わせます。日本の音楽授業で合奏といえばこのような風景が思い浮かぶことでしょう。

　しかし，ピアノ，木琴，タンバリン，トライアングルを和楽器に替えてみたらどうなるでしょう。それは単に楽器が替わったというだけのことではなく，授業風景がガラッと変わってきます。

　子どもは楽器を手探る中で，楽譜なしで知っているふしを弾くようになり，そこに即興的に音を付けて遊ぶことができます。楽譜がなくても指揮者がいなくても合奏が生まれてくるのです。なぜかと言うと，楽器は音に対する人間の感性を具現化したものであり，和楽器は日本の風土で生活し日本語を母語とする人々の音に対する感性を具現化したものだからです。それゆえ子どもに身体化されている音感覚にもともと和楽器は結びつきやすいのです。子どもは和楽器を手にすると，身体に織り込まれていた音に対する感性が呼びさまされ，それを音によって具体的なかたちにしたいと思うのでしょう。

　このような仮説をもって，学校教育での器楽合奏として，これまで学校で普通にやられていた西洋音楽の合奏とは異なる，もうひとつの選択肢を提案することを考えました。

(2) 日本の自然や生活を基盤としたわらべうたによる音楽活動

　ただ，和楽器合奏といっても，伝統音楽の楽曲が演奏できるようにすることを直接の目的とするわけではありません。和楽器を手に取ることで，子どもの内に潜んでいた音楽的感性が覚醒され，それが外に出せるようになることを目的とします。

　この発想はドイツの作曲家カール・オルフから得ています。オルフは，自国のわらべうたを出発点とする楽器を使った「オルフ・シュールベルク」という教育システムを提案しました。しかしそれは民族性を前面に出した民族教育でもなく，また，特定の楽器を弾けるようにするための器楽教育でもありませんでした。オルフは，自然や生活を基盤とした音楽活動の原世界を想定しました[1]。それと言うのは自国のわらべうたを教材とした合奏を中心とする世界です。そして，その世界は，地球上のさまざまな地域の音楽へと展開する同心円的カリキュラムの基になると考えられています。たとえばわらべうたの合奏では，あるパターン

をずっと反復し続ける「オスティナート」という手法が多用されています。それは，特定の音楽様式の作曲の手法として使われるのではなく，地球上のあらゆる事象に存在しているものとしての，循環する形式として捉えられています[2]。つまり，人間が音を音楽に組織していくために生み出した根本的な手法として「オスティナート」が位置づけられ，使われるのです。

では，日本の自然や生活を基盤とした音楽活動の原世界とはどのようなものとなるのでしょうか。それは，日本の自然や生活で育まれた音への感性を具現化したものである和の楽器を手にし，母語である日本語の抑揚やリズムから生まれたわらべうたをうたうことから始まるものではないかと考えます。そこで本プログラムでは，箏(こと)でわらべうたを弾(ひ)くことを中心とした合奏を構想していきました。

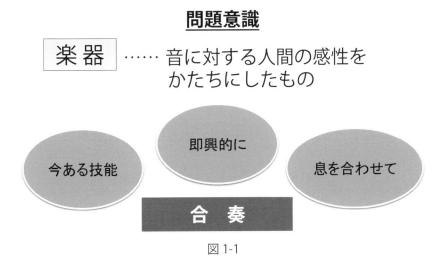

図 1-1

2 理論的枠組み

(1) 生成の原理

このプログラムの基本的な考え方は「生成の原理」に拠っています。「生成の原理」とは耳慣れない用語かもしれません。この用語は，旧来の外側からの教え込みの音楽教育に対するものとして，新しい音楽教育の立場を言い表す用語として 21 世紀初めに日本の音楽教育界に登場しました[3]。ここでは，「音楽」とは，専門家によってつくられた，すでに自分の外に存在しているものではなく，自分自身が音とかかわりながら生成していくものであると見なされています。

お箏の授業を旧来の立場でやるなら，町のお箏のお師匠さんがお弟子さんに一から手ほど

きするというような指導法がとられることでしょう。21世紀の学校の音楽教育は，箏の指導法をそのままもってきて，子どもが箏を弾けるようになればよしというものにはなりません。そのことを通じて，これからの変化の激しい世界を生きていくための，いろいろな立場の人と協働して創造的問題解決をしていく能力を身につけることが求められています[4]。

　このような新しい立場の音楽教育は，学習の主体としての子どもが箏と「相互作用」できる場を設けることを重視します。相互作用とは，子どもが箏に働きかけることで箏から働きかけられるというものです。箏に働きかけるとは，たとえばポロンと絃に触ってみることもそうです。そうすると箏から何とも言えない音色が返ってきて子どもはびっくりしてうっとりします。それが，箏から働きかけられるということになります。そして，また手を伸ばして箏に働きかけます。

　ここに，子どもの外側に箏の音の響きが生まれ，子どもの内側のこころに「びっくり，うっとり」という，箏に触るまでは存在しなかった新たな感覚や感情が生まれます。このように子どもの外側の事物や事象と子どもの内側のこころとの相互作用を通して，両者に変化が生じることを「生成の原理」といいます。

　旧来の指導では外の世界に箏の演奏が生まれるというだけでしたが，「生成の原理」では，外部世界に箏の演奏が生まれることと連動して，子どもの内部世界の感覚，イメージ，認識，感情等が新たに生成される点が根本的に異なります。この外部世界と内部世界の二重の変化ゆえに，子どもは箏を弾く技能だけでなく，思考力や感受性を育てていくことができると考えられるのです。

(2) 音楽的経験の再構成

　「生成の原理」においては，子どもの和楽器による音楽的経験を再構成させていくことが教育の目的となります。そこでは，音楽は，古典芸能のように師匠から弟子へ伝授していくものではなくなります。和楽器合奏のカリキュラムは，子どもの生活経験から出発し，それを芸術的経験へとスパイラルに発展させていくという立場をとるものとなります。小学校低学年ではポロロンと箏を触っていろいろな音色を探していた経験が，高学年になると，音色を組み合わせて，日本古謡《うさぎ》のうさぎが登場してくる夕暮れの野原を創作表現するという経験に発展していきます。あるいは，小学校中学年では箏でわらべうたのふしを弾き，そこに竹の楽器でリズムを付けて，ふしに音が重なると曲想が変わることを経験し，中学生では箏で民謡のふしを弾き，そこに篠笛や三味線の音色を重ね，音の重なりの多様さを経験するようになります。

　プログラムの音楽的経験はそれぞれ，音色や音の重なりやリズムといった何らかの音楽的要素に焦点化されたものとなっています。もちろんそこでは音楽のさまざまな諸要素が関連づけられ，ある独特の雰囲気や曲想を生み出しているのですが，そういう独特の雰囲気や曲

プログラム開発の立場

・子どもたちが自身の音楽的感性を表現できる音楽授業の実現

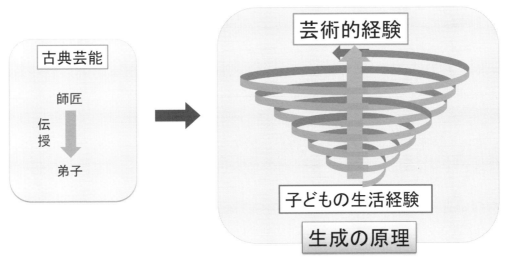

図1-2

想を生み出すのに働いているある特定の要素に意識を向けさせます。そしてその要素から音楽全体の知覚・感受・理解へと学習を広げていきます。このような過程で自ら形成した概念はつぎに出会う新たな音楽的状況に活用できるものになっていきます。つまり，音楽の諸要素の特質を感受するなかで，自身の音楽へのかかわり方を育てることをねらっているのです。

(3) 育てる能力

このプログラムで育てる能力は「生成型学力」になります。生成型学力とは，前述したように，自身の音楽的経験を再構成していく能力です。それは「コミュニケーション力」を土台として「興味」と「知覚・感受・思考」と「知識・技能」という3つの歯車が有機的に関連しながら連動して回転するイメージで捉えています[5]。教室に置かれた箏に興味をもち，絃を触ってみると音が響き，それをピアノ等とは異なる音色として識別し知覚します。同時にその音色をそれぞれに「ポアンとやわらかい」と感受したり「ピーンとしている」と感受したりするでしょう。そして次にはもっと

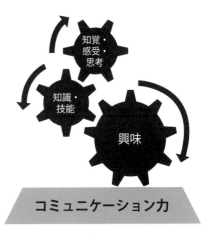

図1-3

力を入れてはじいてみます。しっかりした音になりました。これくらい力を入れるとこんな音になるのだなと手段と結果を結びつけて理解します。このような経験から得た知識と技能を道具として，わらべうたのイメージを表現するために活用していきます。それが思考にな

ります。そして，このような過程は友だちや教師とコミュニケーションをとることで進んでいきます。ただ一人で箏と向かい合っていても進むものではありません。コミュニケーションを土台として3つの歯車がかみ合いながら動いていくことで，箏との音楽的経験がつぎつぎと再構成されて発展していくと考えられます。

そして，経験の対象が和楽器であることから，和楽器を形づくってきた人々の音楽的感性が子どもの音楽的感性に働きかけ引き出し，それが子どもの音楽的感性を育てることにつながることが期待されます。

3 プログラムの方法原理

では，実際，プログラムはどのように構成されているのでしょうか。

その特徴は大きく3点挙げられます。1点目は，子どもの生活と音楽を統一的に捉えるためにわらべうたと箏の関係を重視していることです。2点目は，単元構成として，生成の原理に基づく「経験－分析－再経験－評価」のステップをとることです。3点目は，子ども同士のかかわりを重視する協同的な学びの場とすることです。1つずつ説明をしていきます。

(1) わらべうたと箏との関係

本プログラムはわらべうたを中心的な教材としています。それは，わらべうたが単に音数が少なくて弾くのが簡単だからという理由ではありません。子どもの生活と結びついた音楽活動の場を設定するためです。

わらべうたを教材とすると，楽譜の数字や教師の指示に頼って弾くのではなく，自身の感覚，イメージ，思考を拠り所にして弾くことが可能になります。つまり自分の外のものに頼るのではなく，自分のなかにあるものを頼りに行動するということになります。楽譜や教師に頼っていてはそれに合っていないと「間違い」になってしまうので，楽譜や教師の指示に合わせようということが先立ちます。うまく合わせられない子どもは，間違うのではないかという不安が生じ，楽しめません。他方，わらべうたは子ども自身の文化であり，子どもの生活に根をもつものです。知らないうたではないし，遊んだときの心躍る記憶がうたにくっついています。本プログラムでは，箏という子どもの外の世界にある道具を，わらべうたを媒介として子どもの内的世界と結びつけようとしました。

わらべうたの音の進み方やリズムの動きなどの音楽的な要素は，日本語を母語とする子どもの身体に織り込まれています。自分の中にすでにある音楽的な感覚を拠り所として，子どもは楽譜がなくても音を探ってわらべうたを弾くことが可能となります。そして，さらにちょっと掛け声的な音を入れてみようとか，伴奏を付けてみようとか，探り弾きをしながら

いろいろなアイデアが出せるようになります。わらべうたを教材とすることで，箏は子どもにとって自在な道具となり，自分の表現が可能となると考えました。

もう1つ，わらべうたを教材とすることの利点は，わらべうたの音組織は箏の構造的な仕組みと関連付けやすいという点です[6]。わらべうたは基本，長2度の音程でできているので，まず，箏の柱(じ)を2本「レード」でも「ラーソ」でも，とにかく長2度になるように立てれば《だるまさんがころんだ》等の2音でできているわらべうたを弾くことができます。ここで音の高低の学習もできます。また，箏に2音しか柱が立っていないということは，すでにあるわらべうたを弾くだけでなく，自分で，お話しするようにふしをつくっていくことを容易にします。「きょう（ラソ），プール掃除をしたら（ラーララソソソ　ソラソ），やごを見つけたよ（ラソソ　ソラソソラー）〜」というように，箏の音高に支えられて自分の生活を綴るようにうたっていく姿が見られるようになります[7]。

このように2音から始め，そこから柱を順に増やしていくことで3音，5音と音階をつくっていくことができます。5音の音階になれば大抵のわらべうたを弾くことができます。オルフはドイツ語を母語とする子どもたちを対象としたので，ドイツ語の抑揚からくる短3度音程（ソーミ）の2音から始め，5音音階から教会旋法，長音階，短音階と広げていきましたが，日本語の抑揚では長2度が基本となって広がっていきます。それは長音階や短音階へと発展するものではありません。小泉文夫が明らかにしたように，都節音階(みやこぶしおんかい)や律音階(りつ)といった日本の音階，旋法へと発展していくものとなります。

(2) 「経験－分析－再経験－評価」という単元構成

本プログラムは，単発的な活動ではなく，年間の指導計画に系統的に位置づける単元（学習のひとまとまりの単位）として考えられています。授業をするとき，教師はまず子どもに行わせる活動を構想しますが，「生成の原理」から見ると，そこで重要になるのが，子どもの経験が連続しているかという点です。飽きさせないようにということで注意があちこちに分散されるような活動を組んだら，子どもは自分が何をしているのかわからなくなって混乱し，結局学習から逸れていくでしょう。本プログラムでは，学習とは経験を連続的に再構成していくこととして捉えるので，経験の再構成を原理とする「経験－分析－再経験－評価」という単元構成を採用しています[8]。

「経験－分析－再経験－評価」は本プログラムでは以下のようになります。

わらべうたは，音・動き・話し言葉が三位一体になっているところに本質があるので，それを経験させるために，最初の「経験」ではわらべうたをうたって遊ばせます。なぜわざわざ遊ばせるのでしょう。それは箏で弾く曲を，五線紙に書かれたものとしてではなく，自分の身体でつかませるためです。たとえば《だるまさんがころんだ》では，子どもは遊ぶ中でふしの「ラララララ　ラソラ」という音の進み方や言葉のリズムの伸び縮みを身体で経験しま

す。これが以降の音楽活動の土台となります。それから、遊んだ経験を土台として、「ラとソ」の２本だけ柱を立てた箏で、自分で音を探って《だるまさんがころんだ》を弾いてみます。

このように「経験」では身体を通して《だるまさんがころんだ》の音高やリズムといった音楽的要素を経験させます。この経験の意味を子ども自身に意識させるのが、つぎの「分析」になります。ここでは、今遊んでいた《だるまさんがころんだ》の中には、実は音の進み方や言葉の伸び縮みといった音楽的要素が隠れていたということを見つけさせます。子ども自身に見つけさせるために、教師は「ラララララララ」というふしと「ラララララソラ」というふしを聴かせて違いを比較させます。すると子どもから「最初のはずっと同じ音の高さで、後のは『ころんだ』の『ろん』で下がっている」と発言が出ます。これは音の進み方の高低が感覚器官を通して分かったということ、つまり知覚したということです。そして「最初はだるまさんはころばず歩いているけど、後のはカクンころんでいるみたい」というように、自分のイメージを発言します。これは音の進み方が生み出す質を感受したということになります。このように「分析」では特定の音楽的要素の働きを知覚・感受して、意識します。

「再経験」では、特定の音楽的要素の働きを意識したうえで《だるまさんがころんだ》を弾きます。こんどはイメージをもっているので、イメージを表現するように弾き方を工夫します。「ころんでいるだるまさんだから『ころんだ』のところで急ぐように弾いてみよう」「ドシンドシンと歩くだるまさんだから、ゆっくりにして弾き方を力強くしてみよう」というように、イメージが人に伝わるような弾き方をいろいろ試します。

そして工夫した演奏を発表するのが「評価」となります。教師は、ここで学習の成果を確認します。子どもは、「経験」で《だるまさんがころんだ》を箏で弾いたときから比べると、今発表で弾いたときは満足度が違っていると、自身の成長を自覚します。そしてこの学習過程で音の高低についての知覚・感受ができるようになったことを、アセスメントシート（学習状況の確認テスト）に答えることで確認します。

このような「経験－分析－再経験－評価」の過程において、子どもの経験は音楽の構成要素を軸に連続し再構成されていきます。この経験の軸となる音楽の構成要素を本プログラムでは「指導内容」と呼んでいます。ここでの音楽の構成要素は西洋音楽のものではなく、日本伝統音楽の構成要素となります。たとえば「リズム」といっても西洋音楽の分割のリズムではなく、日本伝統音楽の間による伸縮自在のリズムとなります[9]。

（3） 協同的な学習

本プログラムでは、箏の個人教授をモデルとするのではなく、クラスにいろいろな子どもがいるということを生かした学びとして実践することを想定しています。そこでは、他者とかかわり合うことで経験の再構成がなされるという社会的構成主義の考え方を踏まえます。子どもはそれぞれに異なる内的世界をもっています。異なるからこそかかわることで葛藤や

矛盾を感じたりします。それにより自分の経験や認識を問い直して再構成することができるわけです。このような学習のことを協同的な学習とします[10]。

協同的な学習の場では，教師が指示を出し見本を見せ，子ども集団に対して箏の弾き方を教えていくというのではなく，子ども同士が互いの取り組みを見合って交流することで，知識や技能を身につけていくという学びを目指します。そこで箏は2人に1面を割り当て，ペア学習を基本に実践しました。音探しでは2人で一緒に探します。2組のペアを合体して4人グループにしてふしと伴奏を合わせることもあります。音楽の備える「問いと答え」の形式を，ペアで問いと答えに分かれ，音によるコミュニケーションをすることもできます。1人で1曲を演奏できるようにすることを目的にするのではなく，複数の子どもが音楽のパーツを分けもち，それらのパーツを集めて組み合わせ，みんなが息を合わせて合奏するという音楽活動を重視しています。

音楽活動の後にはクラス一斉の形態で，個々人が音楽活動を通して得たこと，感じたこと，見つけたこと，考えたことを出し合います。それは活動の振り返り（リフレクション）になります。そして，出た意見を関係づけ共有させながら授業を進めていくようにします。

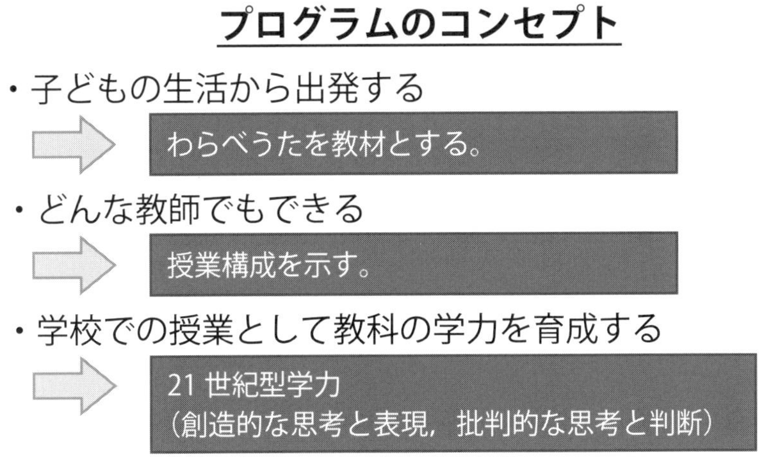

プログラムのコンセプト

・子どもの生活から出発する
　わらべうたを教材とする。

・どんな教師でもできる
　授業構成を示す。

・学校での授業として教科の学力を育成する
　21世紀型学力
（創造的な思考と表現，批判的な思考と判断）

図1-4

4　プログラムの系統性

プログラムは義務教育9年間の系統性をもったものです。活動内容としては，小学校ではわらべうたと箏による音楽経験を中心として，そこに竹や和の打ち物（打楽器）を加え，中学校ではさらに篠笛，三味線を加えることで音楽経験の発展をはかっています。

(1) 音探究から音のコミュニケーションへ

　初めに，この楽器でどんな音が出るか自由に音を探す音探究を行います。箏の場合も，篠笛の場合も，三味線の場合もすべて同じです。音探究をさせるのは，その楽器から出せる音をいろいろ見つけることが目的ですが，同時にそのことを通して楽器を身体に馴染ませる意図があります。表現の道具になる楽器に身体が馴染まなければ「道具」にならないからです。そこでは楽器の仕組みを知ることも含まれます。楽器の仕組みについても，教師が説明するのではなく，子ども自身が楽器に働きかけることによって知るようにします。「ここを触ればこう鳴る」といった，手段と結果を子ども自身が身体でつかむことが大切です。手段と結果の関係は論理であり，両者をつなげることは思考の働きとなります。そして，それがあって初めて演奏の技能習得が成立するのです。ただ機械的に反復練習を積めば技能が身につくということではありません。

　音探究は協同的な学習の最適な場となります。教師は，子どもが友だちの出し方を真似する場や，篠笛の音が出せない子どもが，音が出せている友だちを見出しては自ら教えてもらいに行く場をつくったりして，子ども間の相互交流を図るようにします。

　子どもが音楽の素材になる音を見つけたら，次にその音をつないだり組み合わせたりしていきます。それは音を使ったコミュニケーションの行為として行います。コミュニケーションの精神や手法がすなわち合奏やアンサンブルの本質だと考えるからです。「あそぼ」「いいよ」「何して遊ぶ」「おにごっこ」という会話も，ペアになって2，3本柱を立てた箏を弾きながら即興的にうたにしていきます。これは「問いと答え」と呼ばれる音楽の構成原理といえます。反復，問いと答え，変化，対比等，音の構成原理は人間のコミュニケーションの構成原理ともいえます。そこを生かして音楽をつくることをします。

(2) 指導内容のラセン的系統性

　各プログラムには指導内容が設定されています。単元の学習を通してクラスのすべての子どもに学習させる内容です。それは大きく「音色」「リズム」「旋律」「テクスチュア」「構成」という音楽の構成要素から成っています[11]。そしてそれぞれの構成要素に関して，小学校低学年，中学年，高学年，中学校と学年を追うごとにより広がった，より複雑な内容となっていきます。「音色」なら「箏のいろいろな音色」から「箏の奏法と音色（スクイ爪）」「箏の奏法と音色（カラリン）」「篠笛の奏法と音色（打ち指）」というように，多様な音色，多様な奏法に発展した内容となっていきます（表1）。つまり音楽の構成要素のそれぞれがラセン的に広がっていくような系統性が組まれています。

表1　各学年の指導内容

要素	下位の要素			
	小学校低学年	小学校中学年	小学校高学年	中学生
音色	○箏のいろいろな音色 ○箏の奏法と音色：ピッチカート ○箏の奏法と音色：ひっかけ弾きとしっかり弾き	○箏の奏法と音色：スクイ爪 ○箏の奏法と音色：コロリン ○自然材のいろいろな音色：竹	○箏の奏法と音色：カラリン	○篠笛の奏法と音色：打ち指 ○三味線の奏法と音色
リズム	○拍	○単純なリズムパターン	○いろいろなリズムパターン	○いろいろなリズムパターン
旋律	○高い音・低い音 ○2音による音階：民謡音階	○3音による音階：民謡音階 ○5音による音階：民謡音階	○5音による音階：都節音階，琉球音階	○民謡音階 ○律音階 ○言葉の抑揚と旋律の関係 ○音の進み方
テクスチュア	○旋律とリズムの重なり	○カノン ○オスティナート ○旋律とさまざまなリズムの重なり	○旋律とさまざまなリズムの重なり ○旋律と旋律の重なり	○旋律とさまざまなリズムの重なり ○旋律と旋律の重なり
構成	○問答 ○反復	○問答 ○反復と変化	○序と結 ○反復と変化	○起承転結

注

1) ヴィルヘルム・ケラー，フリッツ・ロイシュ（橋本清司訳註）(1971)『ORFF-SCHULWERK 子どものための音楽　解説』音楽之友社, p.82 参照。
2) 同上書, p.83。
3) 日本学校音楽教育実践学会編 (2006)『生成を原理とする 21 世紀音楽カリキュラム—幼稚園から高等学校まで—』東京書籍。
4) P.グリフィン，B.マクゴー，E.ケア（三宅なほみ監訳）(2014)『21 世紀型スキル—学びと評価の新たなかたち—』北大路書房。
5) 小島律子 (2014)「生成型学力を育成する和楽器合奏プログラムの理論的構成」『大阪教育大学紀要第Ⅴ部門』第 63 巻第 1 号, p.82。
6) 小泉文夫 (1986)『子どもの遊びとうた』草思社, pp.202-204。
7) 井上薫，小島律子 (2014)「小学校特別支援学級のふしづくりにおける Y 児の箏へのかかわり方の発展過程」『大阪教育大学紀要第Ⅴ部門』第 62 巻第 2 号, pp.17-32。
8) 小島律子 (2015)「2　生成の原理に基づく単元構成」小島編著『音楽科　授業の理論と実践—生成の原理による授業の展開—』あいり出版, pp.62-70。
9) 小泉文夫 (2005，7版)『日本の音』平凡社, pp.327-342。
10) 小島律子 (2015)「3　協同的な学習」前掲書 pp.70-73。
11) 平成 20 年改訂の音楽の学習指導要領に新設された指導内容である「共通事項」と通じるものになる。

II

和楽器合奏プログラムと解説

はじめに
―プログラムの使用にあたって―

(1) プログラムの見方

【プログラムの番号】

1つのプログラム表が1つの単元（学習のひとまとまり）となります。プログラムの番号はＤＶＤの番号と対応しているので，ＤＶＤを見ながら表を見ていくとわかりやすいです。

「プログラムⅠ」は小学校低学年用，「プログラムⅡ」は小学校中学年用，「プログラムⅢ」は小学校高学年用，「プログラムⅣ」は中学校1学年用，「プログラムⅤ」は中学校2・3学年用を示します。

プログラムの番号	タイトル
プログラムⅠ－1－1	箏のいろいろな音色を探究する

単元名	時数
「おことのいろいろな音色を見つけよう」	(1時間)

準備	○柱は13絃すべて立てておく。 ○爪無し ○10面ずつ向かい合わせ。手が見えるように。	
指導内容	楽器の音色【箏のいろいろな音色】（箏の仕組み）	
単元構成	経験	○爪を付けずに自由に箏を触り，音探究をする。 ○見つけた音を発表し，交流する。
	分析	○子どもが見つけた音色から教師が2つを選び，音色の比較聴取をする。聴いた音を擬音語で言う。 ○擬音語で表しているものが「音色」だと知る。
	再経験	○再度，音探究をし，自分の好きな音色や鳴らし方を見つける。
	評価	○見つけた音色について気付いたこと，感じたことを発表して交流する。 ○各自，自分のお気に入りの音を紹介する文章をアセスメントシートに記述する。
備考		

年間指導計画の中で，1学年1つか2つの単元を行うことを想定しています。

ただし，現状では，必ずしも小学校低学年から和楽器学習を開始するとは限りません。しかし，いずれの学年から始めるにせよ，大筋，順番を踏んで，その中で適宜プログラムを選択してやっていくのが有効です。

「プログラムⅠ－1」の「－1」は，小学校低学年用の1番目のプログラムという順序を示します。この順番でやっていくことで学習が系統立ってきます。

「プログラムⅠ－1－1」の最後の「－1」は，小学校低学年用の1番目のプログラムの選択肢を示します。「プログラムⅠ－1」として「プログラムⅠ－1－1」をやってもよいし，「プログラムⅠ－1－2」をやってもよいということです。

【タイトル】

単元で扱う指導内容と活動を示しています。タイトル下の「　」は単元名です。時数は目安なので状況によって変更してください。

【準備】

授業を始める前の教室の環境について書いています。クラスの人数は40名で，ペア学習を基本として箏は20面あると想定しています。実践では，箏は「新福山箏」という長さが

短めで糸締めの簡単な教育用のものを使いました。10面の場合は4名のグループ学習で行います。最初は爪をつけません。これは学年が上でも同じことがいえます。構えることなく自分の手で箏に触って馴染むことが，次の活動にとって重要なことだと考えているからです。また爪をつけるようになっても，本来は指3本につけますが，40名にサイズの合う爪の準備が困難なので，つけるのは親指のみとしています。

【指導内容】

単元で学習すべき指導内容を挙げています。【　】はより具体的な指導内容です。単元での音楽活動を通して，最低限これだけは学習できたということを一人ひとりについて確認します。この指導内容は，新しい場面においても使える知覚・感受・理解，知識・技能となります。（　）は必ずしも評価の対象とはしない，副次的な指導内容です。

指導内容は音楽の構成要素を中心としていますが，授業展開においては，それだけでなく，人間がそれを生み出してきた風土や，文化的・歴史的・社会的背景も範囲として学習を展開しています。また，表現媒体も音だけでなく，踊りの動きや言葉とのかかわりを重視して展開しています。わらべうたを遊んでから箏で弾くということや天神囃子は踊りも含めて演じるということもそれに当てはまります。ここで「指導内容」としているのは，「授業で扱う内容」という意味ではなく，最低限これは学習できたと学習状況を一人ひとり確認する内容を指します。

【単元構成】

「Ⅰ　プログラムの理論と立場」で述べたように，単元は，経験の再構成を原理とする「経験－分析－再経験－評価」のステップで構成されています。「評価」に出ている〔　〕は合奏の形態を示しています。たとえば〔うた＋打楽器＋旋律の合奏〕とあれば3つのパートを合わせて奏するということになります。

(2)　調絃について

本プログラムでは，調絃を子ども自身がするということを基本としています。教師が調絃をすることが前提なら箏の指導は普及しないという現実的な問題もありますが，そのことよりも，本質的に子どもが自分の表現に使う道具はある程度自分でコントロールできないと，表現行為が成り立っていかないと考えるからです。といっても授業の前に機械的に調絃させるわけではありません。実は，調絃は，音高の知覚力を育てる有効な手段であり，さらに，箏の仕組みや音楽の仕組みを理解する有効な手段となります。このことから調絃行為を学習に組み込んだプログラムにしています。

(3)　楽器の扱いについて

楽器を扱う場合，とくに和楽器を扱う場合は姿勢が重要視されます。「正しい姿勢」で楽

器に向かうことは確かに本質的なことです。楽器のお稽古事に通う場合は，その楽器を習うという明確な意思をもって出かけますが，学校教育ではいろいろな子どもがいます。教室に居るだけでもやっとの子どももいます。本プログラムは学校教育の立場から，育てる能力に関して根本的にお稽古事とは異なる枠組みで考えています。まずは人間がだれでももっている本能的な音を出すよろこびから入っていき，そこから音色や響きに関心をもつようになり，身体の使い方と出る音との関係性をつかむことを通して，自分の身体の使い方を考えるようになり，技能を習得するというアプローチをとっています。つまり，楽器とのかかわりをつくっていく過程において，姿勢をつくっていくということです。

(4) ＤＶＤについて

本プログラムのＤＶＤの授業の子どもたちは，必ずしも小学校低学年から積み重ねてきた子どもたちばかりではありません。プロジェクトも小学校１学年から順にプログラムを構成していったのではなく，初年度は小学校３学年を対象とし，次の年度に４学年，５学年という具合に３学年を核に学年を上と下に広げていきました。また，中学校は同じ附属校といっても小学校から内部進学した生徒と外部から入学した生徒が混じっています。外部からの生徒は小学校６年間まったく箏を触ったことなく来ています。というような事情から，ＤＶＤの授業は，必ずしも小学校１学年から積み上げている状況とはいえないことを断っておきます。

(5) プログラム一覧

番号	活動内容と単元名	時数	指導内容	準備
プログラムⅠ－１－１	箏のいろいろな音色を探究する。 「おことのいろいろな音色を見つけよう」	１時間	楽器の音色【箏のいろいろな音色】（箏の仕組み）	○柱は13絃すべて立てておく。 ○爪無し
プログラムⅠ－１－２	箏のいろいろな音色を探究して音楽づくりをする。 「音色を生かしておことの音楽をつくろう」	３時間	楽器の音色【箏のいろいろな音色】	○柱は絃３本（五六七＝ミソラ）に立てておく。 ○爪無し
プログラムⅠ－２	ピッチカートでうたに伴奏を付ける。 「拍にのってうたにおことで伴奏しよう」	１時間	リズム【拍】 テクスチュア【主旋律とピッチカート伴奏】	○絃２本（一二＝ミラ）に柱を立てておく。（絃１本，二＝ラでもよい。） ○爪無し（以降，つけてもよいが親指のみ）

Ⅱ 和楽器合奏プログラムと解説

プログラム	内容	時間	要素	準備
プログラム Ⅰ－3	2音（高低）のわらべうたのふしを弾く。 「高い音と低い音を意識してわらべうたを弾こう」	2時間	旋律【高低】	○絃1本（七＝ラ）に柱を立てておく。 ○爪無し
プログラム Ⅰ－4	2音で問答を即興創作する。 「おことの2つの音でおはなしをしよう」	3時間	構成原理【問いと答え】	○絃1本（七＝ラ）あるいは絃2本（六七＝ソラ）に柱を立てておく。 ○爪無し
プログラム Ⅱ－1	爪をつけて2つの音で基本奏法をする。 「爪をつけて，おことの音色を意識してわらべうたを弾こう」	2時間	箏の奏法と音色【「しっかり弾き」と「ひっかけ弾き」】	○絃2本（六七＝ソラ），七は合わせて，他1本はおおまかに柱を立てておく。 ○爪有り（親指のみ）
プログラム Ⅱ－2	3音のわらべうたのふしを弾く。 「3音の音の動きを意識してわらべうたを弾こう」	2時間	旋律【3音の音階】（核音）	○絃3本（六七八＝ソラシ）に柱をおおまかに立てておく。七は調絃しておく。 ○爪有り（親指）
プログラム Ⅱ－3	旋律にオスティナートを重ねる。 「オスティナートの重なりを意識してわらべうたを弾こう」	2時間	テクスチュア【旋律とオスティナートの重なり】	○絃4本（五六七八＝ミソラシ）に柱をおおまかに立てておく。七は調絃しておく。オスティナート用に高音域（十為＝ミラ）の柱を立て調絃しておく（為は12番目の絃）。 ○爪有り（親指）
プログラム Ⅱ－4	わらべうたをカノンにして弾く。 「カノンの重なりを意識してわらべうたを弾こう」	2時間	テクスチュア【カノンの重なり】	○絃4本（五六七八＝ミソラシ）に柱をおおまかに立てておく。七は調絃しておく。
プログラム Ⅱ－5	民謡音階でできている《林の中から》を弾く。 「民謡音階で《林の中から》を弾こう」	2時間	旋律【民謡音階】（構成原理【反復】）	○絃5本（四五六七八＝レミソラシ）に柱をおおまかに立てておく。六（＝ソ）は調絃しておく。 ○爪有り（親指）

プログラム Ⅱ－6	竹楽器の音色を生かしてリズムを創作する。 「竹楽器の音色を生かしてリズムをつくろう」	1時間	素材の音色【竹の音色】 リズムパターン	○竹楽器
プログラム Ⅱ－7	《豆がら》のふしに竹楽器で伴奏を付ける。 「テクスチュアを意識してわらべうたに竹楽器を重ねよう」	1時間	テクスチュア【旋律とリズムの重なり】	○竹楽器 ○絃5本（四五六七八＝レミソラシ）に柱をおおまかに立てておく。六と七は調絃しておく。 ○爪有り（親指）
プログラム Ⅱ－8	箏のいろいろな奏法と音色を見つけて《林の中から》の替え歌を弾く。 「箏のいろいろな音色を生かして自分たちの《○○の中から》を弾こう」	2時間	箏の奏法と音色【箏のいろいろな奏法と音色】	○絃5本（四五六七八＝レミソラシ）に柱をおおまかに立てておく。六と七は調絃しておく。 ○爪有り（親指）
プログラム Ⅱ－9	箏の奏法「スクイ爪」を入れて《川の岸の水車》を弾く。 「スクイ爪を入れておことを弾こう」	2時間	箏の奏法と音色【スクイ爪】	○絃5本（四五六七八＝レミソラシ）に柱をおおまかに立てておく。七は調絃しておく。 ○爪有り（親指）
プログラム Ⅱ－10	箏の奏法「コロリン」を入れて《川の岸の水車》を弾く。 「コロリンを入れておことを弾こう」	1時間	箏の奏法と音色【コロリン】	○絃5本（四五六七八＝レミソラシ）に柱をおおまかに立てておく。七は調絃しておく。 ○爪有り（親指）
プログラム Ⅲ－1	平調子（ひらぢょうし）で《さくらさくら》を弾く。 「平調子を意識して《さくらさくら》を弾こう」	2時間	旋律【都節音階（みやこぶしおんかい）（平調子）】 箏の奏法と音色【カラリン】	○絃13本に柱をおおまかに立てておく。七を合わせておき，七を基準に平調子に調絃させる。あるいは《林の中から》を弾いた民謡音階で《さくらさくら》の最初を弾かせておかしいと思わせる。 ○爪有り
プログラム Ⅲ－2	問答の形式を生かして平調子で《うさぎ》を弾く。 「平調子を意識して《うさぎ》で問答をしよう」	2時間	旋律【都節音階（平調子）】 構成原理【問いと答え】	○絃13本に柱をおおまかに立てておく。七を合わせておき，七を基準に平調子に調絃させる。 ○爪有り

Ⅱ 和楽器合奏プログラムと解説

プログラム	内容	時間	題材	準備
プログラム Ⅲ－3	副旋律を付けて《さくらさくら》を弾く。 「副旋律を重ねて《さくらさくら》を弾こう」	1時間	テクスチュア【主旋律と副旋律】	○絃13本に柱をおおまかに立てておく。七を合わせておき，七を基準に平調子に調絃させる。 ○爪有り
プログラム Ⅲ－4	《うさぎ》に前奏と後奏をつくる。 「様子を思い浮かべて《うさぎ》に前奏と後奏をつくろう」	2時間	箏の奏法と音色【箏のいろいろな奏法と音色】	○絃13本に柱をおおまかに立てておく。七を合わせておき，七を基準に平調子に調絃させる。 ○爪有り
プログラム Ⅲ－5	琉球音階で自由に音楽づくりをする。 「琉球音階を使って箏でイメージを表す音楽をつくろう」	3時間	音階【琉球音階】イメージと構成要素との関係	○絃13本に柱をおおまかに立てておく。七をラに合わせておく。 ○爪有り
プログラム Ⅳ－1	篠笛の奏法と音色を探究する。 「篠笛の音色を意識してわらべうたを吹こう」	1時間	篠笛の奏法と音色【篠笛の奏法と音色】	○1人1本，篠笛をもつ。
プログラム Ⅳ－2	箏・篠笛・打楽器で《こきりこ》を合奏する。 「イメージをもって民謡を和楽器で合奏しよう」	4時間	テクスチュア【旋律とリズムの重なり】《こきりこ》の文化的側面	○箏は柱無し。七を基準に民謡音階に調絃させる。 ○爪有り
プログラム Ⅴ－1	三味線の奏法と音色を探究する。 「音色を意識して三味線でわらべうたに伴奏を付けよう」	2時間	三味線の奏法と音色【三味線の奏法と音色】	○2人1台，三味線をもつ。
プログラム Ⅴ－2	箏・篠笛・三味線で《さくらさくら》を合奏する。 「《さくらさくら》を和楽器で合奏しよう」	3時間	テクスチュア【箏・篠笛・三味線の音色の重なり】	○箏は柱をおおまかに立てておく。七を基準に都節音階（平調子）に調絃させる。 ○爪有り
プログラム Ⅴ－3	曲構成を考えて創作《天神祭》をつくり，箏・篠笛・三味線・太鼓で合奏する。 「和楽器の音を重ねて創作《天神祭》を合奏しよう」	6時間	テクスチュア【旋律と旋律，旋律とリズムの重なり】《天神囃子》の文化的側面	○箏は柱をおおまかに立てておく。七（＝ソ）を基準に民謡音階に調絃させる。 ○爪有り

プログラムⅠ 小学校低学年（1・2学年）

プログラムⅠ-1-1　箏(こと)のいろいろな音色を探究する

「おことのいろいろな音色を見つけよう」（1時間）

準備	○柱(じ)は13絃(げん)すべて立てておく。 ○爪(つめ)無し ○10面(めん)ずつ向かい合わせ。手が見えるように。	
指導内容	楽器の音色【箏のいろいろな音色】（箏の仕組み）	
単元構成	経験	○爪をつけずに自由に箏を触り，音探究をする。 ○見つけた音を発表し，交流する。
	分析	○子どもが見つけた音色から教師が2つを選び，音色の比較聴取をする。聴いた音を擬音語で言う。 ○擬音語で表しているものが「音色」だと知る。
	再経験	○再度，音探究をし，自分の好きな音色や鳴らし方を見つける。
	評価	○見つけた音色について気付いたこと，感じたことを発表して交流する。 ○各自，自分のお気に入りの音を紹介する文章をアセスメントシートに記述する。
備考		

　初めて箏に触る学習では，箏からどんな音が出せるかをいろいろ試します。このプログラムでは13絃のすべてに柱を立てて音探究を行います。

　「経験」では，最初は手を動かすことに気持ちがいってしまい，音に耳を傾けることはなかなかできません。そこでひとしきり音探しをしたあとに，教師が「どんな音，見つけた？」と問いかけ，振り返りの場をもちます。そこで音に耳を傾けるという姿勢ができ，音を出すいろいろなやり方を友だちの真似をして広げていきます。

　この音を探る活動は，同時に箏の仕組みを知っていく活動でもあります。「柱の左側を鳴らすとお化けが出てくるみたいな音がする。柱の右側と違うんだ」というように，音と結びつけて箏の構造をつかみます。

　「分析」では，教師が子どもの見つけた音から2つの音を選んで，比較して聴かせます。その違いは「最初はプーン，二番目はジャーン」というように擬音語で言わせるようにしま

Ⅱ 和楽器合奏プログラムと解説

す。擬音語で表すことは音を把握する最適の方法です。子どもは「この音はプーンかな,ブーンかな」と考えることでその音の特質をつかみ,他の音と識別できます。つまり音を「知覚」することができます。そうすると「風船がふくらんでいくみたい」というようにイメージをもつことができます。これが「感受」になります。そして,その後,教師が,このような音の特質を「音色」と言います,といって「音色」という音楽用語のラベルを貼ります。

「再経験」では,音色を意識して音探究をします。

「評価」では,見つけた中で自分の一番好きな音色や鳴らし方をクラスで紹介し合います。そこでは擬音語を言って,イメージを言うという形で発表をし,音色に対する知覚と感受の力を育てます。また「好きな音」を選ぶという行為は,音への感性を育てるものとなります。感性とは,自分にとって価値あるものに気づく能力なのです。

最後に,シートに自分のお気に入りの音の擬音語とイメージを記述します。これは一人ひとりの学習の状況を教師が把握するためのもので,アセスメントシートと呼んでいます。教師は,擬音語とイメージの記述から,子ども一人ひとりの箏の音色に対する知覚と感受を確認し,評価します。

プログラムⅠ-1-1のアセスメントシート

「おことの　いろいろな　ねいろを　みつけよう」

2年　　組　　番　なまえ（　　　　　　　　　）

じぶんのみつけたねいろで　いちばんすきなねいろを　せんせいに　おしえてください。

【わたしの・ぼくの】いちばんすきなねいろは,ぎおんごでいうと, （ぽろろーん　　　　　　　　　） です。	なぜ　すきかというと （はっぱにあめがおちてくるような　） かんじがするからです。

プログラムⅠ-1-2　箏のいろいろな音色を探究して音楽づくりをする

「音色を生かしておことの音楽をつくろう」（3時間）

準備	○柱は絃3本（五六七＝ミソラ）に立てておく。 ○爪無し ○10面ずつ向かい合わせ。手が見えるように。

指導内容		楽器の音色【箏のいろいろな音色】
単元構成	経験	○爪をつけずに自由に箏を触り，音探究をする。
	分析	○自分の好きな音色や鳴らし方を擬音語を使って発表し，音色からもつイメージを交流する。 ○擬音語で表しているものが「音色」だと知る。
	再経験	○イメージにあうよう音の組み合わせ方を工夫する。
	評価	○つくった音楽を発表して交流する。 ○各自つくった音楽を紹介する文章をアセスメントシートに記述する。
備考		

　音探究のもう1つの案です。こちらは柱を全部立てず，3本のみ立てておきます。そして，探した音で音楽づくりをします。子どもはたとえ1本の柱の絃でもいろいろな音を見つけるものです。

　「経験」では，箏の絃だけでなく木の枠などすべてを使って音探しをします。ここで十分に箏との相互作用をします。中には同じような音の出し方しかしない子どももいます。そういうとき教師は，クラスで友だちの音を紹介する場を設け，「真似してみよう」と誘います。そのために互いに手が見合えるような箏の配置にしておきます。

　見つけた音や鳴らし方を発表するときは，「その音を擬音語で表すこと」そして「音のイメージを言うこと」「実際に鳴らしてみせること」をさせます。擬音語は音を知覚する有効な方法です。擬音語で言おうとすることで，子どもはその音を他の音から識別することが可能となります。そうするとその特質からイメージをもつことができるようになります。

　音を探す中で，自発的に音の組み合わせを見つける子どももいます。絃をジャランとかき鳴らした後に1本の絃をつまんでポーンと鳴らし「花火だ」と言います。それを聴いた子どもが「打ち上げ花火だ」とイメージを共有します。互いに聴き合うことは単に多様な音の出し方を知るということにとどまらず，イメージの共有をもたらし，クラスの共同体意識をつくっていくものとなります。

　「分析」では，いろいろ探した音から自分の好きな音をクラスで紹介し合います。紹介では音とともに擬音語とイメージを発表します。好きな音を選択するという行為は音に対する感性を育てることにつながります。感性とは自分にとって価値あるものに気づく能力です。そして教師は，子どもが知覚・感受したことを結びつけて，この単元の指導内容としている「音色」という音楽用語を知らせます。

　「再経験」では，音を組み合わせて音楽をつくります。「経験」で箏に働きかけたさまざまな試みがここで生きてきます。今度は自分の意図をもって音を組み合わせていきます。「神

社へ行って鐘を鳴らす」というテーマでは，ペアの2人の子どもが異なる絃を同時に鳴らして響きをつくり，そこにお寺の鐘の響きをイメージし，余韻を感じながら音を鳴らします。

「評価」では，ペアでつくった音楽を発表し，イメージを共有します。そしてアセスメントシートには自分たちのつくった音楽の説明を記述します。教師は，「鳴らし方」「鳴らされた音の擬音語」「イメージ」をそこに入れるように指示します。このアセスメントシートにより箏の音色に対する知覚・感受の学習状況を1人ずつ評価します。そして演奏技能については，音楽の発表時にイメージが伝わるような演奏になっているかという点から評価をします。

プログラム1-2　ピッチカートでうたに伴奏を付ける

「拍にのってうたにおことで伴奏しよう」（1時間）

準備		○絃2本(一二＝ミラ)に柱を立てておく。(絃1本，二＝ラでもよい。) ○爪無し（以降，つけてもよいが親指のみ） ○10面ずつ向かい合わせ。手が見えるように。
指導内容		リズム【拍】，テクスチュア【主旋律とピッチカート伴奏】
単元構成	経験	○わらべうた《いもむしごろごろ》(ラララソソ／ラララ)をうたいながら，遊んでいたときの足の踏み方のように，手で膝を打つ。 ○そこに，教師が箏でピッチカートの伴奏(2音を交互に。二一，二一)を入れる。 ○ペアの1人がうたい，もう1人が箏のピッチカート奏法で伴奏を付ける。
	分析	○伴奏有りと無しを比較聴取して，ピッチカート伴奏の表現効果を知る。
	再経験	○ペアでお互いに伴奏を付けてうたえるようにする。
	評価	○ペアのリレー奏で発表していく。〔ふし＋ピッチカート伴奏の合奏〕 ○伴奏有無の比較聴取のアセスメントシートで学習の確認をする。
備考		・《いもむしごろごろ》は朝の会などで遊んでおく。他に《たこたこあがれ》も教材曲となる。

学習の前に実際に校庭で《いもむしごろごろ》を遊んでいます。その遊びの経験を土台に学習を始めます。

「経験」では，《いもむしごろごろ》をうたって，そこに箏でピッチカート（絃を指ではじ

く）で伴奏を付けていきます。ペアで役割交代をします。

「分析」では，ピッチカート伴奏の有り無しを比較聴取します。ピッチカートが付くと公園で子どもたちが楽しそうに遊んでいる様子が浮かぶけれど，ピッチカート無しでふしのみの場合は，夕暮れになって家へ帰って行く様子が浮かぶというような発言が出ます。ここでピッチカートの有無を知覚し，ピッチカートが付くことによって生み出される表現効果を感受して「公園で楽しそうに遊んでいる」というイメージをもちます。ここで，旋律に何かが重なるという，テクスチュア（音の重なり）という音楽の構成要素に対する知覚・感受の力が養われます。

「再経験」では，ペアでそれぞれ「公園で楽しそうに遊んでいる」などのイメージをもって，うたってピッチカートの伴奏を付けて，リレー奏で発表していきます。リレー奏というのは，Aのペアが弾いたら途切れることなく拍の流れにのってBのペアが弾くというように，拍にのせて連続させていく発表の仕方です。リレー奏では，自分の前のペアの音を聴くという態度，拍を知覚・感受し演奏技能として表現するという能力が養われます。

「評価」では，《たこたこあがれ》等の別のわらべうたを使ってピッチカート伴奏の有無の比較聴取をさせ，それぞれの識別（知覚）とイメージ（感受）を記入させ，それを評価します。

プログラム I -3　2音（高低）のわらべうたのふしを弾く

「高い音と低い音を意識してわらべうたを弾こう」（2時間）

準備		○絃1本（七＝ラ）に柱を立てておく。 ○爪無し ○10面ずつ向かい合わせ。手が見えるように。
指導内容		旋律【高低】
単元構成	経験	○わらべうた《だるまさんがころんだ》（ラララ ラ／ラソラ）をうたいながら，拍に合わせて手で膝を打つ。（膝打ち，手打ちを交互に。） ○ペアで協力して1本だけで《だるまさんがころんだ》を弾いてみる。 ○柱1本では《だるまさんがころんだ》が弾けないと気付く。 ○ペアでうたいながら，《だるまさんがころんだ》が弾けるように六＝ソの柱の場所を探して立てる。
	分析	○七だけで「七七七七／七七七」進むふしと「七七七七／七六七」のふしと比較聴取して，ふしに高低があることを知る。

		○丸が上下する図譜を見ながら，うでで高低を付けながら「だるまさんが〜」とうたう。
		○箏の絃の並びをみながら「七七七七／七六七」と言いながらうたう。（ここで「七七七七　七六七」と書いた縦譜を示してもよい。）
	再経験	○ペアで聴き合って，2人とも《だるまさんがころんだ》が弾けるように練習する。
	評価	○リレー奏で1列ごと発表していく。（拍がとぎれないように。）
		○発表のときに教師が打楽器（ささら，うちわ太鼓，拍子木等）を入れて合奏してやる。（慣れてきたら子どもにその役をわたす。）〔うた＋打楽器＋旋律の合奏〕
		○高低の有無（等拍のもの）の比較聴取のアセスメントシートで学習の確認をする。
備考		・DVDでは全く柱の無い状態からやっているが，七六の2つの柱を立てた状態から始めてもよい。七の柱は最初に音高を定めて置いておき，七は動かさないように言って，適当に立てた六の柱を適切な位置に動かさせることもできる。
		・2時間単元では，他の2音のうた《一番星みつけた》《おせんべやけたかな》《あした天気になーれ》《たこたこあがれ》で応用ができる。

　本プログラムでは箏の調絃を子ども自身にさせます。自分の表現をするには使う道具を自分でコントロールできるものにすることが必要だからです。柱を動かすときは柱の下方をしっかりともつように伝えます。この単元では自分で2本の柱を立て，2音からできているわらべうたを弾けるようになることを目指します。そしてこのことを通して音には高低があることを学びます。音が高いとか低いという概念はなかなか理解されないものです。よく知っている2音のわらべうたを使うことで，子どもは耳で聴きながら《だるまさんがころんだ》が弾けるように柱を動かしていきます。

　「経験」では，子ども自身が柱を1本だけ立てて，それで《だるまさんがころんだ》が弾けるか試みてみます。《だるまさんがころんだ》は「こーろんだ」のところが1つだけ音が下がるので，1本では弾けません。そこで教師は，1本目の柱の向こう隣の絃に2本目を立てるように助言します。子どもは，うたいながらうたの音高に合うように2本目を動かしていきます。音が合うと拍手や歓声が出たりし，達成感を味わうことができます。

　「分析」では，「経験」での活動を教師が示します。同じ音で進む《だるまさんがころんだ》と，よく知っている2音を使った《だるまさんがころんだ》を箏で弾いて，比較聴取させま

す。「経験」で試行錯誤的にやっていた活動を，音の進み方として客観的に聴かせるのです。2つの違いを明らかにすることで，ふしの動きにある高低が意識できるようにしていきます。その場合，図譜や腕の動きなど，視覚的な補助も使うとわかりやすくなります。

「再経験」では，高低を意識してふしが弾けるようになったら，教師が打楽器（和の打ち物）を重ねて合奏にしてやります。その後は子どもに打楽器の役を渡していって，ふしとリズムを合わせる経験をします。ここではただ箏でふしが弾けるようになりさえすればよいというものではなく，友だちと音でコミュニケーションをすることがねらいになるので，演奏の始まりも教師が合図を出すのではなく，友だちの打楽器のリズムを聴いて始めるとか，自分たちで掛け声を発して始めるようにするなど，みんなが息を合わせて合奏できる場がつくれるようにします。

「評価」では，リレー奏で演奏を発表させ，そこで技能を見，アセスメントシートでは2音でできている別の曲を同音で弾いて比較聴取させ，音の高低の知覚・感受を確認します。

プログラムⅠ-4　2音で問答を即興創作する

「おことの2つの音でおはなしをしよう」（3時間）

準備		○絃1本（七＝ラ）あるいは絃2本（六七＝ソラ）に柱を立てておく。 ○爪無し ○10面ずつ向かい合わせ。手が見えるように。
指導内容		構成原理【問いと答え】
単元構成	経験	○わらべうた《あそぼ，いいよ》（ラソラ／ラソラ）をうたい，何で遊びたいか発言する。 ○《あそぼ》を教師が弾き，真似をして子どもも弾いてみる。

	分析	○「あそぼ」「いいよ」の役割を分けて交互に問いと答えで弾く。 ○問いと答えを2人で分けもつ《あそぼ》「あそぼ，いいよ，なーにする，おにごっこ，たのしそう，そうね」と，問いのみ1人で弾く《あそぼ》「あそぼ(空白) なーにする(空白) たのしそう(空白)」を比較聴取し，問いと答えという構成原理を知覚・感受し，理解する。
	再経験	○ペアで箏を使って《あそぼ》の問いと答えの続きの歌詞をつくって弾く。
	評価	○リレー奏で1列ペアごと発表していく。 ○問いと答えの有無の比較聴取のアセスメントシートで学習の確認をする。
備考		・他に《あした天気になーれ》《だるまさんがころんだ》も教材曲となる。

　プログラムⅠ-3で2音のわらべうたを弾いた経験の応用として，こんどは2音で自分たちでふしをつくってみます。調絃はプログラムⅠ-3でのやり方を実施してもよいですし，事情に応じては，あらかじめ六と七と2本立てておいてもよいでしょう。

　「経験」では，自分たちの生活を思い出し，抑揚を付けた「あそぼ」「いいよ」をうたうことから始めます。うたってみてから，教師が「あそぼ」「いいよ」を箏で弾くと，子どもたちは「あっ」と驚きを示します。自分たちの「あそぼ」「いいよ」という日常の会話が音楽になるということが驚きとなります。そして教師が弾いてみようと言わなくても自発的に自分たちも箏で弾いてみようとします。

　「分析」では，比較聴取によって「あそぼ」「いいよ」がもっている「問いと答え」という構成原理に気づかせます。「あそぼ」に対して「いいよ」と答えて会話になっていくものと，片方だけが問いかけているものを教師が箏で弾いてみます。「あそぼ」「いいよ」が問うて答えるという形式になって会話が進んでいくことを知覚・感受し，この形式を「問いと答え」になっていると理解します。

　「再経験」では，2組のペアが1つのグループになって，2面の箏で「あそぼ」「いいよ」に続く問いと答えのふしをつくっていきます。ここでは箏が自分の日常生活を綴る道具となり，子どもの日常生活がうたわれます。歌詞にも自分たちがやっている遊びの名前が出てきます。そして重要なのは，うたい弾きをするときに言葉を方言の抑揚で弾いているかという点です。まず言葉をつくってそれにふしを付けるのではなく，会話をしながら箏で言葉の抑揚を確認してつくっていくという手順をとるようにします。

　「評価」では，リレー奏で演奏を発表させ，そこで技能を見，アセスメントシートでは問いと答えの有り無しを比較聴取させ，問いと答えの知覚・感受を確認します。

プログラムⅡ　小学校中学年（3・4学年）

プログラムⅡ-1　爪（つめ）をつけて2つの音で基本奏法をする

「爪をつけて，おことの音色を意識してわらべうたを弾こう」（2時間）

準備		○絃2本（六七＝ソラ），七は合わせて，他1本はおおまかに柱（じ）を立てておく。 ○爪有り（親指のみ） ○10面ずつ向かい合わせ。手が見えるように。
指導内容		箏（こと）の奏法と音色【「しっかり弾き」と「ひっかけ弾き」】
調絃		プログラムⅠ-3で行ったように，爪無しでおおまかに柱を立ててある2音の音階（六七＝ソラ）を《だるまさんがころんだ》（ララララ／ラソラ）の最初のフレーズをうたいながらペアで調絃（ちょうげん）する。教師は柱の動かし方を知らせておく。うたは七＝ラから始まるので，七は動かさないことを言っておく。
単元構成	経験	○爪のつけ方と「しっかり弾き」の弾き方を知る。（「自分の爪と反対側（指の腹側）に爪をつけてあげる」「手をテントの形にして，絃の手前から向こうへ爪で押す」） ○ペアで交代しながら，爪をつけて2音の《だるまさんがころんだ》を弾けるようにする。
	分析	○「しっかり弾き」と「ひっかけ弾き」の音色を比較聴取し，「しっかり弾き」の音色のイメージをもつ。
	再経験	○しっかり弾きで《だるまさんがころんだ》が弾けるようにする。
	評価	○リレー奏で発表する。 ○合奏にする。リレー奏のとき，教師が箏や打楽器でオスティナートを入れる。のち子どもにその役を渡す。 〔箏の旋律＋打楽器のリズム・オスティナートの合奏〕 「だるまさんがころんだ（ララララ／ラソラ）」＋「♩♫♩ウン」（ささら，ギロ，拍子木などで） 〔箏の旋律＋箏の旋律オスティナートの合奏〕 「だるまさんがころんだ（ララララ／ラソラ）」＋4度下「五五五五

		／五四五（ミミミミ／ミレミ）」あるいは「五ー五ー／五四五」（ミーミー／ミレミ）をオスティナートとして繰り返す。あるいは，そこにピッチカート（一，二）を入れる。 ○同一曲の「しっかり弾き」と「ひっかけ弾き」の比較聴取のアセスメントシートで学習の確認をする。
備考		・他の教材曲《一番星見つけた》《たこたこあがれ》など2音でできた曲でもよい。

　初めて爪をつけて箏を弾くことになります。箏の基本的な弾き方とされているものを子どもが「しっかり弾き」と名づけたので，それで呼んでいます。しっかり弾きは手元より向こうの絃に爪をあてる弾き方なのですが，ここでは2音の柱しか立てないので，六を弾くときに向こうにあてる絃がなくて困るかもしれません。3本柱を立てるという方法もありますが，ここでは2本だけでやっています。それでも《だるまさんがころんだ》はほとんど七の絃の連続なので，しっかり弾きに慣れることはできるでしょう。また，しっかり弾きは年間2，3時間の箏の授業でなかなか体得できるものではないので，この単元で全員に完全に身につけることはねらってはいません。しかし，この単元で経験したことで，次に注意されたときには何のことかすぐに思い出せます。各学年で，教師が折を見ては弾き方に注意を払うように促すことで，子どもは「ああ，そうだった」と思い出して意識してみることで，徐々に身についていくものだと考えています。子どもは知っているうたが箏で弾けることがうれしいので，そこに行きつく前に姿勢や弾き方を口うるさくいうことは意欲をそぐことになります。うたを弾くことに余裕ができてきたところで促していきます。

　「経験」では，一応，箏の基本的な弾き方の最低限の情報を得たうえで，自分で《だるまさんがころんだ》を弾いてみます。公立小学校3年生でこのプログラムから始めたとき，箏がズラリと並んでいる教室に入るなり，「弾けへん」「難しそう」とつぶやいていた子どもたちは，音探しによって《だるまさんがころんだ》が弾けると，「弾けた！弾けた！」と小躍りして喜びます。そして教師に「ぼく弾けたよ」と教えにきました。まずは，知っているうたが箏で容易に弾けたことに喜びを感じるものです。そこで教師はまず一緒に喜び，聴かせてもらうことです。それより前に，爪の角度が違う等，細部を注意することは子どもの経験に沿わない

対応となります。

　「分析」では，しっかり弾きとひっかけ弾き，これらは子どもが名づけたのですが，2つの弾き方を教師が提示し，比較聴取をします。手がテントの形になっているとか，なっていないとか，奏法の手の使い方について気づきが出されたり，出た音色から「ひっかけ弾きのだるまさんは疲れてしまってよろよろだけど，しっかり弾きのだるまさんは元気満タンでドシンドシンと歩いている」というイメージが発言されたりします。ここで，箏ではしっかり弾きで弾くことが標準となっていることを伝え，しっかり弾きの練習をします。

　「再経験」では「分析」でのイメージをもって，しっかり弾きでふしが弾けるようにします。たとえばドシンドシンと歩いているイメージをもった子どもは，やや遅めの速度で1音ずつしっかり弾いて，堂々とした《だるまさんがころんだ》を表現しようとします。

　ここでは，みんな，ふしは弾けるようになっているので，そこに教師がオスティナート（短いパターンをずっと反復する手法）を付けたり，打楽器を付けたりして合奏にしていきます。さらに，オスティナートや打楽器で音を重ねる役を，やりたい子どもに任せるようにしていきます。オスティナートを付ける箏はそれ用に柱を立てた箏を1面準備しておきます。2音使うなら2つの絃のみ，必要な音のみ柱を立て，子どもがオスティナートを担当しても弾く絃を迷わない設定にしておきます。

　「評価」では，教師が，弾いている姿は見せないで箏の音色だけを聴かせ，しっかり弾きかひっかけ弾きかを知覚させ，その音色の特質を感受させ，イメージを書かせるアセスメントシートをします。それにより教師は，奏法と音色の知覚・感受の学習状況を一人ひとり確認します。

プログラムⅡ－1のアセスメントシート

お箏（こと）の音色を　かんじてひこう

3年　組　番（　　　　　　　　　）

今からお箏（こと）のえんそうを　二つききます。
それぞれ，どちらのひき方ですか。　正しいほうの　ひき方に　○をしましょう。
また，それぞれ　どんなかんじの音色だったか　まとめましょう。

1番	2番
あ．しっかりびき	㋐．しっかりびき
㋑．ひっかけびき	い．ひっかけびき

ひっかけびきでひくと，	ほしがすぐきえてねがいごとができないよう
	なかんじがするけど
しっかりびきでひくと，	ほしがすぐきえないでたくさんねがいごとができそう
	なかんじがするよ

プログラムⅡ-2　3音のわらべうたのふしを弾く

「3音の音の動きを意識してわらべうたを弾こう」（2時間）

準備		○絃3本（六七八＝ソラシ）に柱をおおまかに立てておく。七は調絃しておく。 ○爪有り（親指） ○10面ずつ向かい合わせ。手が見えるように。
指導内容		旋律【3音の音階】【核音】
調絃		（爪無しで）柱をおおまかに立ててある3音の音階（六七八＝ソラシ）を,《なべなべそこぬけ》をうたいながらペアで調絃する。 教師は,うたは七から始まるので,七は動かさないことを言っておく。
単元構成	経験	○《なべなべそこぬけ》の音探しをし,爪をつけて「しっかり弾き」で弾けるように練習する。（ラソラソ／ラララ／ラララシ／ラソラ,リズムは単純化する。）
	分析	○《なべなべそこぬけ》の絃を確認し,3音の音階であることを知る。 ○《なべなべそこぬけ》の最後の音が七絃のときと八絃や六絃のときと比較聴取し,最後の音の七絃が音階の中でも大事な音「核音」になることを知る。
	再経験	○《なべなべそこぬけ》をしっかり弾きで弾けるように練習する。
	評価	○リレー奏発表で「底がぬけたら」で上がるという音の進行を意識して弾いているか見る。 ○教師は一,二絃でピッチカートの伴奏を付ける。あるいは,ささらやギロを付ける。 〔箏の旋律＋箏のピッチカート伴奏＋打楽器の合奏〕 ○同一曲の核音の適切・不適切な比較聴取のアセスメントシートで学習の確認をする。
備考		・他の教材曲《大波小波》

　今まで六七の2つの絃の柱を立てていましたが,ここで八の絃が初めて出てきます。《なべなべそこぬけ》の「そーこがぬけたら」で八の音が必要となります。そこで八に柱を立てます。子どもはこのうたを知っているので,音の進み方が《なべなべそこぬけ》になっているかどうか耳で判断しながら柱を動かします。そして弾いて確認をします。

「経験」では、《なべなべそこぬけ》を口ずさみながら、音を探して、3つ柱を立てて調絃をします。調絃ができたという段階でもう《なべなべそこぬけ》が弾けるようになっています。

　「分析」では、《なべなべそこぬけ》の音の進み方をいろいろ試します。とくに最後の音がどこに行くと落ち着くかという点を試して、それぞれの音の進み方を知覚し、その進み方が生み出す特質を感受します。最後らしく落ち着く音が3つ並んだ音の真ん中の音、七であることを確認し、それがこの音階の「核音」（大事な音）だと知ります。

　「再経験」では、3音の音階の音の進み方の特質を意識して《なべなべそこぬけ》をしっかりと弾けるように練習をします。

　「評価」では、リレー奏で演奏技能を確認します。そして、もうふし自体は楽に弾けるようになっているので、教師や希望者の子どもがピッチカートを付けたり、打楽器を付けて合奏を楽しめるようにします。最後に、核音に焦点を当てた音の進み方の知覚・感受を問うアセスメントシートで、3音の音階の知覚・感受の学習の確認をします。

プログラムⅡ-3　旋律にオスティナートを重ねる

「オスティナートの重なりを意識してわらべうたを弾こう」（2時間）

準備		○絃4本（五六七八＝ミソラシ）に柱をおおまかに立てておく。七は調絃しておく。オスティナート用に高音域（十 為＝ミラ）の柱を立て調絃しておく（為は12番目の絃）。 ○爪有り（親指） ○10面ずつ向かい合わせ。手が見えるように。
指導内容		テクスチュア【旋律とオスティナートの重なり】
調絃		（爪無しで）おおまかに柱を立ててある4音の音階（五六七八＝ミソラシ）を《雨こんこん》の出だしで調絃。教師は、うたは七から始まるので、七は動かさないことを言っておく。
単元構成	経験	○《雨こんこん》の音探しをして、弾けるようになる。 ○そこに「為為十」（ララミ）のオスティナート・パターンを繰り返して入れる。 ○ペアになって旋律役とオスティナート役を決めて、音を重ねる。
	分析	○《雨こんこん》で、単旋律のものとオスティナート付きのものを比較聴取する。
	再経験	○ペアで音を重ねて演奏をする。オスティナート・パターンは自分

		たちで創作してもよい。 ○イメージに合わせて，竹楽器や和の打楽器でリズム・オスティナートを付ける。〔箏の旋律＋箏のオスティナート＋和の打楽器の合奏〕
	評価	○リレー奏で発表していく。 ○単旋律とオスティナートの重なりの比較聴取のアセスメントシートで学習の確認をする。
備考		・学習に入る前に《雨こんこん》の手遊びをしておく。 ・ＤＶＤでは基準の七の絃を「ソ」としているので，オスティナートの「為為十」は「ラララミ」ではなく「ソソレ」となっている。

　わらべうたのふしにオスティナートを重ねる学習です。オスティナートのパターンとして，ここでは「為為十」（ラララミ）を使います。わらべうたの音階はどの音を重ねてもおかしくならないので，いろいろ重ねてみてどれが効果的か考えるとよいでしょう。オスティナートは，同じことを繰り返すので難しくはないです。ただ，拍を共有して合わせることは大変なので，手遊びで，拍を全身で感じる経験が土台にあるとよいでしょう。

　「経験」では，《雨こんこん》の音探しをして４音を調絃し，弾けるようになります。次にペアの１人が旋律を弾き，もう１人がオスティナートを重ねます。

　「分析」では，ふしにオスティナートの重なったものとふしだけのものを比較聴取します。たとえば「旋律だけだと雪がポトッて落ちている感じがするけれど，オスティナートを重ねると雪が跳ね返ってくる感じがする」というような感受が出ます。

　「再経験」では，「雪が跳ね返ってくる感じ」「雪が舞っている軽い感じ」というような，子どものそれぞれのイメージが表現できるように演奏を工夫します。そこによりイメージを伝えられるように，友だちや教師に頼んで打楽器を入れることも考えられます。たとえば和太鼓をドーンと鳴らすとシーンとした静けさが生まれたり，また，備長炭の風鈴を鳴らすと冬のキーンとした冷たさが生まれたりします。

　オスティナートを重ねるときは，拍の共有が重要となってきます。ペアで合わせる練習をさせるばかりでなく，一度，リレー奏で１人ずつ発表させ，他の列の子どもにオスティナートを担当させるようにすると，拍が合っていない場合は子ども自身がそのことを聴き取りやすいので，弾いている子どもが自分で合わせようと意識するようになります。自分の出している音を聴けるような場づくりが重要となります。

　「評価」では，リレー奏で演奏技能を確認し，アセスメントシートで，別のわらべうたを使ってオスティナートの重なりに対する知覚・感受を１人ずつ確認します。

プログラムⅡ-4　わらべうたをカノンにして弾く

「カノンの重なりを意識してわらべうたを弾こう」（2時間）

準備		○絃4本（五六七八＝ミソラシ）に柱をおおまかに立てておく。七は調絃しておく。
指導内容		テクスチュア【カノンの重なり】
調絃		（爪無しで）柱をおおまかに立ててある4音の音階（五六七八＝ミソラシ）を《雨こんこん》の出だしで調絃。うたは七から始まるので，七は動かさないことを言っておく。
単元構成	経験	○《雨こんこん》の音探しをして，弾けるようになる。 ○クラスで2つのパートに分かれて，ズレて入り，カノンで重ねる。
	分析	○《雨こんこん》で，単旋律とカノンの重なりを比較聴取する。
	再経験	○カノンで音を重ねて演奏をする。入り方を変えてもよい。 ○イメージに合うよう，竹楽器や和の打楽器でリズム・オスティナートを付ける。〔先発の箏の旋律＋後発の箏の旋律＋打楽器の合奏〕
	評価	○リレー奏で発表していく。 ○単旋律とカノンの重なりの比較聴取のアセスメントシートで学習の確認をする。
備考		・箏で弾く前に，《雨こんこん》をカノンでうたっておく。

　わらべうたはカノン（同じ旋律をズラして演奏）で重ねることもできます。またオスティナートの重ね方とは異なる表現効果を出すことができます。

　「経験」では，《雨こんこん》の音探しをして4音を調絃し，弾けるようになります。次に，子どもの演奏に教師が少しズラして同じふしを重ねてみます。子どもは戸惑い，音の重なりに注意を向けるようになります。そこで2つのチームに分かれて，うたでカノンをやってみます。うたのカノンでは歌詞が付くので，歌詞の言葉によってふしが追いかける重なりが実感できます。そして箏で，ペアやグループで，カノンで重ねてみます。

　「分析」では，単旋律とカノンの重なりを比較聴取します。カノンでは「次から次へと雪が舞ってくる感じ」というようなイメージが出ます。

　「再経験」では，ペアでイメージをもってカノンを合わせます。箏の合奏に，イメージに合う打楽器を選んで合わせるとよいでしょう。また，カノンの入り方は1拍ずらしや2拍ずらし等いろいろありますが，どこで入るようにするかは子どもの実態に応じて選択することが必要です。

Ⅱ　和楽器合奏プログラムと解説

「評価」では，リレー奏で演奏技能を確認し，アセスメントシートで，別のわらべうたを使ってカノンの重なりに対する知覚・感受を1人ずつ確認します。

プログラムⅡ–5　民謡音階でできている《林の中から》を弾く

「民謡音階で《林の中から》を弾こう」（2時間）

準備		○絃5本（四五六七八＝レミソラシ）に柱をおおまかに立てておく。六（＝ソ）は調絃しておく。 ○爪有り（親指） ○10面ずつ向かい合わせ。手が見えるように。
指導内容		旋律【民謡音階】（構成原理【反復】）
調絃		《林の中から》で「レミソラシ」を調絃する。教師は，うたは六（ソ）から始まるので，六は動かさないことを言っておく。
単元構成	経験	○《林の中から》（ソラシシ／ラソミレ／ミソミソ／ラララ）の音探しをして，弾けるようになる。 ○《林の中から》が5つの音でできていることを知る。
	分析	○レミソラシの5音音階の《林の中から》と，ソラシのみの3音音階で弾いた《林の中から》（ソラシシ／ラソソソ／ソソソソ／ラララ）と比較聴取する。
	再経験	○《林の中から》をうたって弾けるように練習する。
	評価	○リレー奏で発表する。 ○そのとき，ペアの1人がピッチカート（四と六）で伴奏を付けてもよい。〔旋律＋ピッチカート伴奏の合奏〕 ○2種類の5音音階の比較聴取のアセスメントシートで学習の確認をする。
備考		・学習の前に《林の中から》の遊びをしておく。 ・遊びの中で替え歌が出てきたら，替え歌づくりを奨励する。 ・このプログラムは《豆がら》でもできる。

ここで初めて5つの音が揃い，5音音階ができます。ここではわらべうた《林の中から》を使って，民謡音階の5つの音に調絃します。この曲は音の進み方が民謡音階を順番に進むようになっているので調絃に最適です。しかも調絃をしていく中でうたの音を探るので，調絃ができたら同時に《林の中から》が弾けているということになるのです。また，この曲

はフレーズが何度も反復され，反復されるごとに豆腐屋さんやお巡りさんや犬などが次々と登場してきます。歌詞は変化してもふしは同じフレーズの反復なので，まず1つのフレーズを弾けるようになれば，すぐに全曲弾けるようになります。

「経験」では，上に述べたように，《林の中から》の音探しをして5音を調絃し，弾けるようになります。

「分析」では5音音階の特質を感受できるように《林の中から》を普通に5音音階で弾いたときと，3音音階で弾いたときとを比較聴取します。3音音階にすると音の進み方は同音が多くなり，ふしの上下の動きが少なくなります。そのことで《林の中から》の5音音階の音の進み方の特質が，「音が上がったり下がったりして，林の中からお化けや豆腐屋さんが次々と出てくる感じがします」と感受されます。

「再経験」では，音の進み方を意識しながら《林の中から》を弾けるようにします。このうたは歌詞に意味があり，登場人物ごとにフレーズの最後に擬音語が付くので，うたいながら弾くことに意味をもちます。

「評価」では，リレー奏で演奏技能を確認し，アセスメントシートで，別のわらべうたを使って5音音階に対する知覚・感受を1人ずつ確認します。リレー奏にピッチカート伴奏を付けることもできます。

プログラムⅡ-6　竹楽器の音色を生かしてリズムを創作する

「竹楽器の音色を生かしてリズムをつくろう」（1時間）

準備		○竹楽器
指導内容		素材の音色【竹の音色】，リズムパターン
調絃		無し
単元構成	経験	○竹楽器を自由に音探究する。
	分析	○見つけた音を擬音語で紹介し，イメージを発言する。
	再経験	○《林の中から》と《豆がら》のうたのオスティナート伴奏として，竹楽器でリズムパターンをつくる。
	評価	○イメージを告げ，ペアでつくった竹楽器のリズムパターンをうたに付けて発表する。 ○アセスメントシートに，よく合っていたと思うリズムパターンを擬音語で表し，そのイメージを記述する。
備考		・学習の前に《林の中から》と《豆がら》の遊びをしてうたっておく。

Ⅱ　和楽器合奏プログラムと解説

竹ボラ（吹く楽器）

竹ブロック（打つ楽器）

竹スティック（ふる楽器）

竹太鼓（打つ楽器）

バリンビン（打つ楽器）

竹風鈴（打つ楽器）

竹木琴（打つ楽器）

竹ギロ（擦る楽器）

マウイマリンバ（打つ楽器）

《豆がら》擬音語スコア

	まめがら	がらがら	さくらの	しょーっこ
竹ブロック	コンカカコンカカ	コンコンコン・	コンカカコンカカ	コンコンコン・
竹ギロ	・・・・	ギギギギー・	・・・・	ギギギギー・
竹ボラ（高音）		ポー		ポー
（低音）	ボー		ボー	
竹木琴	ポンポンポンポン	ポコポコポコポコポコポコ	ポンポンポンポン	ポコポコポコポコポコポコ
マウイマリンバ	ボン　　ポン	ボン　　ポン	ボン　　ポン	ボン　　ポン

「・」は休み。

竹を購入し，小学校の作業の職員の方に，竹を素材とした世界の民俗楽器を参考にしていくつか竹の楽器をつくってもらいました。竹ボラ，竹ブロック，竹スティック，竹太鼓，バリンビン，竹風鈴，竹木琴，竹ギロ，マウイマリンバ等です。（前ページ写真参照）それは箏の音色に，自然材である竹素材の楽器の音色が合うのではないかという仮説からです。自然の素材はそれぞれ固有の音質をもっています。

　「経験」では，箏との最初の出会いのときと同様，自由な竹の音色探究から始めます。

　「分析」では，見つけた音を「ポーン」等，擬音語で表させ，「泡がはじける感じ」等，イメージを言語化させます。つまり竹のいろいろな音色をそれぞれに知覚・感受させます。竹は打つ，擦る，はじく，振る，吹くなどいろいろな奏法が可能となります。

　「再経験」では，既習の《林の中から》のうたにリズムパターンをつくって合わせます。竹楽器の音色の特質を捉え，わらべうたの言葉のリズムに合っており，しかも竹素材の特質を生かしたリズムパターンをつくります。実践ではわらべうたは《林の中から》の他に《豆がら》を使いました。それぞれ曲想が異なるので，音色のイメージを基にしてそれぞれの曲想に合ったリズムパターンがつくられました。

　「評価」では，グループで《林の中から》か《豆がら》のどちらかを選び，その曲想に合ったリズムパターンを竹楽器でつくって，うたに重ねて発表します。そこでイメージを表現する演奏技能を確認します。そしてその中のリズムパターンに対する知覚（擬音語）と感受（イメージ）をアセスメントシートに記述させ，1人ずつ確認します。

プログラムⅡ－7　《豆がら》のふしに竹楽器で伴奏を付ける

「テクスチュアを意識してわらべうたに竹楽器を重ねよう」（1時間）

準備		○竹楽器 ○絃5本（四五六七八＝レミソラシ）に柱をおおまかに立てておく。六と七は調絃しておく。 ○爪有り（親指） ○10面ずつ向かい合わせ。手が見えるように。
指導内容		テクスチュア【旋律とリズムの重なり】
調絃		《林の中から》で「レミソラシ」を調絃する。教師は，うたは六（ソ）から始まるので，六と七は動かさないことを言っておく。
単元構成	経験	○《豆がら》を箏で音を探って弾く。
	分析	○箏による旋律のみと竹楽器の伴奏が付いたものを比較聴取する。

	再経験	○グループで《豆がら》の箏の旋律に，竹楽器でオスティナート伴奏にするリズムパターンをつくって合わせる。
	評価	○イメージを告げ，グループでつくった竹楽器のリズムパターンを箏の旋律に付けて発表する。 ○単旋律とリズムパターンのついたものとの比較聴取のアセスメントシートで学習の確認をする。
備考		・《豆がら》の遊びをしてうたっておく。 ・教材としては《豆がら》の代わりに《林の中から》でも可能。

　前の単元で竹楽器の音色を探究し，いろいろなリズムパターンをつくったところで，ここではふしに竹楽器のリズムパターンを重ねます。そして，箏で奏されるふしに竹の楽器が重なることでどのような表現効果が生み出されるかを学習します。調絃は以前弾いたことのある《林の中から》でします。

　「経験」では，《豆がら》を箏で音を探って弾けるようにします。

　「分析」では，箏でふしのみ弾いたものと，箏のふしに竹楽器のリズムパターンが加わったものを比較聴取します。竹楽器が加わると，聴いている子どもの身体もそのリズムに合わせて自然に動き出します。そして「お箏だけだと豆が出にくいけれど，竹楽器が重なるとポンポコココンコンと，キツネとタヌキがあいさつしているみたい」というように，竹楽器のリズムパターンが重なった演奏に対する感受が出されます。

　「再経験」では，竹楽器を重ねてどんなイメージにしたいかをグループで話し合い，リズムパターンをつくってオスティナートにして重ねます。ここではいろいろなリズムパターンをつくって試しに重ねては，イメージに合うものを選びます。

　「評価」では，グループごとにイメージを言って《豆がら》にリズムパターンを重ねて発表させます。そこでイメージを表現するための演奏技能を確認します。そしてその中のリズムパターンの重なりに対する知覚（擬音語）と感受（イメージ）をアセスメントシートに記述させ，1人ずつ確認します。

プログラムⅡ-8　箏のいろいろな奏法と音色を見つけて《林の中から》の替え歌を弾く

「箏のいろいろな音色を生かして自分たちの《○○の中から》を弾こう」（2時間）

準備	○絃5本（四五六七八＝レミソラシ）に柱をおおまかに立てておく。六と七は調絃しておく。

		○爪有り（親指）
		○10面ずつ向かい合わせ。手が見えるように。
指導内容		箏の奏法と音色【箏のいろいろな奏法と音色】
調絃		《林の中から》で「レミソラシ」を調絃する。教師は，うたは六（ソ）から始まるので，六と七は動かさないことを言っておく。
単元構成	経験	○《林の中から》の替え歌《○○の中から》をつくる。 ○ペアで《林の中から》の替え歌の（ソラシシ／ラソミレ／ミソミソ）の歌詞内容に合う擬音語を言い（「ラララ」に当たるところ），それに合った奏法と音色を探す。
	分析	○中間発表で，擬音語と探した奏法と音色を紹介し合い，それぞれの音色の違いを知覚し，その特質を感受する。
	再経験	○さらにイメージに合うよう，奏法と音色の工夫をする。
	評価	○題名を告げ，グループごとに発表する。 ○発表を聴いて，そこに使われた音色の知覚・感受を問うアセスメントシートに答える。
備考		・イメージ形成や歌詞の順番の確認のため，場面ごとに絵を書かせて前に貼ってもよい。

　わらべうたは替え歌になりやすいです。たとえば《林の中から》を《海の中から》に替えて，イルカやワカメが登場してくる替え歌をつくります。歌詞内容に合わせてフレーズの最後の擬音語もつくり，その動作も即興的につくって実際に遊びます。つまり，自分たちのつくった替え歌で，言葉と音と動きの三位一体を経験することが可能となり，そのことが重要になります。そうでないと単に言葉の上での操作になってしまいます。音と言葉と動きがコラボレーションをして1つの作品となるのです。

　「経験」では，《海の中から》と題名を決めて，海の中から何が出てくるか言い合いました。「うーみの中からさーめがジャーバジャバ，さーめの後からイルカがスーイスイ，イルカの後からワカメがニョーロニョロ……」というように，各フレーズの最後の擬音語も歌詞に合わせてつくり替えます。替え歌が決まったら，うたの擬音語にぴったり合う箏の奏法と音色を探します。子どもたちは，絃を横に擦ってシューという音を出したり，両手で逆方向に全部の絃を一気に流して弾いたり，1年生からやってきた箏のいろいろな音探究をふまえて，擬音語のイメージに合わせて奏法を選んでいきます。

　「分析」では，探した奏法と音色をクラスに紹介し，それらについて意見を言い合います。この単元では，表現したいイメージと，奏法と音色との関連を知覚・感受することが指導内容となるので，表現したいイメージに対して奏法と音色がどうなのか吟味します。

「再経験」では，「分析」での話し合いをふまえて，さらにイメージに合うような奏法と音色を工夫します。

「評価」では，題名を告げてからグループ発表を行い，そこで演奏技能を確認します。アセスメントシートでは，発表の中でイメージによく合っていると思う奏法と音色に対する知覚と感受をアセスメントシートに記述します。教師はそれにより指導内容に対する知覚・感受の評価をします。

プログラムⅡ-9　箏の奏法「スクイ爪」を入れて《川の岸の水車》を弾く

「スクイ爪を入れておことを弾こう」（2時間）

準備		○絃5本（四五六七八＝レミソラシ）に柱をおおまかに立てておく。七は調絃しておく。 ○爪有り（親指） ○10面ずつ向かい合わせ。手が見えるように。
指導内容		箏の奏法と音色【スクイ爪】
調絃		《林の中から》で「レミソラシ」を調絃する。教師は，うたは七から始まるので，七は動かさないことを言っておく。
単元構成	経験	○《川の岸の水車》（ラーラー／ソーソー／ラララー／ミー）を弾けるようになる。
	分析	○スクイ爪を使った演奏と使わない演奏の比較聴取をし，スクイ爪の表現効果を知る。
	再経験	○スクイ爪を使って弾けるようになる。
	評価	○リレー奏で発表する。そこに水車が回っている様子を表すように，打楽器を付ける。〔箏の旋律＋打楽器の合奏〕 ○スクイ爪を使った演奏と使わない演奏の比較聴取のアセスメントシートで学習の確認をする。
備考		・《川の岸の水車》をうたって遊んでおく。

この単元では「スクイ爪」（同音が連続するときに爪を往復させ，爪の裏表を使って軽やかに弾く奏法）という新しい箏の奏法を導入します。新しい奏法の導入も，いきなり奏し方を教えるのではなく，そのような奏法でどういう音色，音質が生まれるのかという関係とそこに生じる質を，子どもの知覚・感受の能力を開発しながら学習させるという過程を重視しています。スクイ爪の技能は，そういう過程において習得されるようにしていきます。

「経験」では，《川の岸の水車》という新しいわらべうたを箏で弾けるようにします。その前に，調絃はこれまでよくなじんでいる《林の中から》で行います。《川の岸の水車》は，すでにこのうたで遊んでいるので，すぐにうたうことができます。うたいながら音の進み方をおおまかに腕の上下の動きでつかみます。教師が見本を見せ，子どもたちはそれを手がかりに動きを真似してうたいます。うたうことと連動して音の上がり下がりを身体でつかむことが重要です。腕の動きの目的は，細かく音高を表示するところにあるのではなく，音の進み方を大きく流れとしてつかむところにあります。そしてペアで，箏で音探しをしながら《川の岸の水車》を弾けるようにします。

　「分析」では，耳だけで，これまでのしっかり弾きの演奏と，スクイ爪をつかった演奏を比較聴取します。このときは衝立を立てるので，箏を弾く手の動きは子どもに見えていません。耳だけを使います。こうして音質の違いを知覚・感受させたあと，実際にどう弾いていたのか演奏を見ます。そして爪の角を使う等の説明を聞いて子どもたちはスクイ爪を自分で試みます。

　「再経験」では，スクイ爪を使って《川の岸の水車》を弾けるようにします。こう弾いたらよいというモデルが自分の頭の中にあるので，それを目指して練習します。

　「評価」では，リレー奏で演奏技能を確認し，スクイ爪の有り無しを比較聴取するアセスメントシートでスクイ爪の音色に対する知覚・感受を１人ずつ確認します。

プログラムⅡ－10　箏の奏法「コロリン」を入れて《川の岸の水車》を弾く

「コロリンを入れておことを弾こう」（1時間）

準備		○絃5本（四五六七八＝レミソラシ）に柱をおおまかに立てておく。七は調絃しておく。 ○爪有り（親指） ○10面ずつ向かい合わせ。手が見えるように。
指導内容		箏の奏法と音色【コロリン】
調絃		《林の中から》で「レミソラシ」を調絃する。教師は，うたは七から始まるので，七は動かさないことを言っておく。
単元構成	経験	○《川の岸の水車》（ラーラー／ソーソー／ラララー／ミー）を弾けるようになる。 ○ふしにコロリン（ラ　ラソミ）を入れる。
	分析	○コロリンを使った演奏と使わない演奏の比較聴取をし，コロリン

		の表現効果を知覚・感受する。
	再経験	○コロリンを使って弾けるようになる。
	評価	○リレー奏で発表する。そこに水車が回っている様子を表すように，打楽器を付ける。〔箏の旋律＋打楽器の合奏〕 ○コロリンを使った演奏と使わない演奏の比較聴取のアセスメントシートで学習の確認をする。
備考		・《川の岸の水車》をうたって遊んでおく。

　箏の奏法である「コロリン」（手前から向こうへ3絃続けて弾く奏法）を導入します。

　「経験」では，《川の岸の水車》にコロリンをオスティナート・パターンとして重ねます。「ラ　ラソミ」というパターンは低音域でもできるし，高音域でもできます。始まりの音は「ラ」からでなくて構いません。2組のペアが1つのグループとなって，自分たちでいろいろ試して選択します。1面で旋律を弾き，もう1面でコロリンのオスティナートを付けていきます。

　「分析」では，コロリンを重ねた《川の岸の水車》と重ねない《川の岸の水車》とを比較聴取します。さらに詳細に，低音域でコロリンを入れる場合と高音域で入れる場合を比較聴取することもあります。低音域では「水車が優雅にゆっくり回っているようだ」，高音域では「速くて忙しい」というような感受が出ました。

　「再経験」では，イメージをもってコロリンを付けて弾けるようにします。高音域で付けると「速くて忙しい」と感受した子どもは，コロリンを弾く速度をやや上げて，水車がかいがいしく働いている様子を表現しようとする姿がありました。

　「評価」では，リレー奏で発表させ，演奏技能を確認します。そこに水車の回る様子を表すような打楽器を付けることもできます。そしてアセスメントシートで，別のわらべうたでコロリンの有り無しの比較聴取をして，コロリンの知覚・感受・理解を確認します。

プログラムⅢ　小学校高学年（5・6学年）

プログラムⅢ-1　平調子（ひらぢょうし）で《さくらさくら》を弾く

「平調子を意識して《さくらさくら》を弾こう」（2時間）

準備		○絃（げん）13本に柱（じ）をおおまかに立てておく。七を合わせておき，七を基準に平調子に調絃（ちょうげん）させる。あるいは《林の中から》を弾いた民謡音階で《さくらさくら》の最初を弾かせておかしいと思わせる。 ○爪（つめ）有り
指導内容		旋律【都節音階（みやこぶしおんかい）（平調子）】，箏（こと）の奏法と音色【カラリン】
調絃		《さくらさくら》を使って13絃すべて平調子に調絃する。
単元構成	経験	○《さくらさくら》の音探しをして弾けるようにする。
	分析	○民謡音階で弾く《さくらさくら》と平調子の《さくらさくら》とを比較聴取する。
	再経験	○平調子を感じて《さくらさくら》を弾く。 ○「カラリン」を知り，最後に入れて弾く。
	評価	○リレー奏で発表をする。 ○民謡音階のふしと都節音階（平調子）のふしの比較聴取のアセスメントシートで学習の確認をする。
備考		・《さくらさくら》をうたっておく。《うさぎうさぎ》でも可。

　映像では《林の中から》を弾いた民謡音階の調絃のままで《さくらさくら》の音探しをさせることで，違和感をもたせるところから始まっています。違和感は，人間が探究を始めるエネルギーとなるものです。「おかしい。どうしてこんな変な感じがするのだろう」という戸惑いから，問題解決が始まります。そして《さくらさくら》が弾けるように，柱の位置を変えて，平調子の調絃を行います。もちろん，大雑把に立てられた13本の柱から，いきなり《さくらさくら》の音探しをしながら調絃しても構いません。子どもの実態に応じていろいろな入り方が考えられます。

　「経験」では，《さくらさくら》の音探しをして5音を平調子に調絃し，弾けるようになります。

　「分析」では，2面（めん）の箏を用意しておき，都節音階（平調子）で弾く《さくらさくら》と民謡音階で弾く《さくらさくら》とを比較聴取させます。前者については「ピンクの華やか

Ⅱ　和楽器合奏プログラムと解説

な桜」，後者については「のんびり感があって陽の当たる山里に咲くさくら」というような感受が出ます。初めて出てくる都節の音階の特質を，これまでわらべうたでやってきた民謡音階と比べることで感じ取っていきます。同時に，柱を一部並べ替えると全く別の感じが出せる音階になるのだなという，箏の仕組みについての理解も得ることができます。このような理解は，また別の場所での箏の経験に応用のきく理解となります。ただ曲をまちがえずに弾けるように練習するだけの箏の学習では，だれもがこのような理解を得るにはなかなか至らないものです。

「再経験」では，平調子の音の進み方を意識して《さくらさくら》を弾けるように練習をします。そこに新しい奏法「カラリン」（親指で巾（きん）から一に流れるように弾く奏法）を導入します。

「評価」では，リレー奏で発表させ，演奏技能を確認します。そしてアセスメントシートで，別の都節音階の曲を使って民謡音階で弾いたときとの比較聴取をし，都節音階（平調子）の知覚・感受・理解を確認します。

プログラムⅢ－1のアセスメントシート
「平調子を意識して《さくらさくら》を弾こう」

6年　　組　　番　名前（　　　　　　　　　）

今から，おことの演奏を二つききます。それぞれ，民よう音階と都ぶし音階の音の並び方のどちらで演奏されているでしょうか。また，それぞれどんな感じがしたかを書きましょう。そう感じた理由もいっしょに書きましょう。

1番目の演奏は，（民よう・㊙都ぶし）音階で演奏されていました。	**2番目の演奏は，（㊙民よう・都ぶし）音階で演奏されていました。**
ちょっと暗くて，桜みたいなふんいきがするから都ぶしだと思った。	1番より少し明るく高い音が多く，いなかっぽい古い感じがするから。

プログラムⅢ－2　問答の形式を生かして平調子で《うさぎ》を弾く

「平調子を意識して《うさぎ》で問答をしよう」（2時間）

準備	○絃13本に柱をおおまかに立てておく。七を合わせておき，七を基準に平調子に調絃させる。 ○爪有り

指導内容		旋律【都節音階（平調子）】，構成原理【問いと答え】
調絃		《さくらさくら》で13絃すべて平調子に調絃する。
単元構成	経験	○問い（前半六六七（ファーファラ）／八七八（シラシ）／六六六七（ファファファラ）／八七八（シラシ））と答え（後半七八九九（ラシドド）／八七六五（シラファミ）／七六五（ラファミー）／六五四（ファミレ*ー）／五（ミ））パートに分かれて《うさぎ》の音探しをして，問いと答えになっていることを知る。 ○問いと答えを交代して全曲弾けるようにする。
	分析	○民謡音階で弾く《うさぎ》と平調子の《うさぎ》とを比較聴取する。 ○1人で淡々と弾く《うさぎ》と，2人で問いと答えを呼応させて弾く《うさぎ》とを比較聴取する。
	再経験	○イメージする情景をスケッチする。 ○平調子を感じて，《うさぎ》の問いと答えを互いに聴き合って弾く。
	評価	○リレー奏で発表をする。 ○民謡音階のふしと都節音階（平調子）のふしの比較聴取のアセスメントシートで学習の確認をする。
備考		・まず《うさぎ》の問いと答えをうたでやっておく。箏で弾く場合は音域が高くなるので，うたのときは箏に合わせず，うたいやすい音域でうたう。 ・（*の説明）最後の「みて　はーーねーる」の音階から外れる「ね」の四の音は，はじめから五の柱の左2〜3センチのところに立てて「レ」の音にしておくか，あるいは左手で強押しして「レ」をつくらせる。

　日本古謡《うさぎ》も平調子で弾けます。このうたは構成が問いと答えになっているので，最初から1人で全曲弾けるようにすることを課すのではなく，2つのチームに分け，問いと答えの役割を決めて弾くようにすると，相手の音を聴いてそれに呼応するという呼応関係が生まれます。この関係は音楽を構成する原理の1つなので，《うさぎ》を教材としてこの関係を経験することは他の音楽的経験に生きるものとなります。また，この関係を意識して箏を弾くことは，音によるコミュニケーションをすることになり，アンサンブルの息の合わせ方の基本を学習することにもなります。

　「経験」では，新しい曲をやってみようということで，まず，うたをうたいます。うたうときから問いと答えの表現にするために，2チームに分かれて対面してうたいます。うたを覚えると音探しをして弾けるようになります。これも問いか答えかどちらかを担当して弾け

るようにし，掛け合いをして弾いてみます。

「分析」では，都節音階の《うさぎ》を民謡音階で弾いてみて都節音階のものと比較聴取させます。また，問いと答えにしたときとしないときを比較聴取させます。

「再経験」では，問いと答えの形式から《うさぎ》の情景をイメージできるように，スケッチをさせました。スケッチを描くことによって，だれとだれが会話をしているのか，イメージが具体化されます。描くことが目的ではなく，あくまでも音楽の背後の情景をイメージすると

子どもの描いた《うさぎ》の情景イメージ

ころにねらいを置きます。なかなか描けない子どもも，ペアや近くの友だちが描いているものを見ながら自分なりに描いていきました。そこでは，近くの友だち同士で絵をめぐっての会話も自然に生まれ，自分の生活経験が語られていきました。このことが《うさぎ》を弾くときに，この曲が自分にとっての意味をもち，自分の思いをもって表現できることを期待しました。そして，この情景のイメージが，この後の単元で《うさぎ》に前奏や後奏を付けるときに生きてきました。

「評価」では，となりの列の子どもと問いと答えの形でリレー奏で発表します。そこで呼応関係を感じて弾けているか評価します。またアセスメントシートで，別の都節音階の曲を使って，それを民謡音階で弾いたときとの比較聴取をし，都節音階の知覚・感受・理解を確認します。

プログラムⅢ-3　副旋律を付けて《さくらさくら》を弾く

「副旋律を重ねて《さくらさくら》を弾こう」（1時間）

準備		○絃 13 本に柱をおおまかに立てておく。七を合わせておき，七を基準に平調子に調絃させる。 ○爪有り
指導内容		テクスチュア【主旋律と副旋律】
調絃		《さくらさくら》で 13 絃すべて平調子に調絃する。
単元構成	経験	○《さくらさくら》を弾く。

	分析	○そこに,教師が副旋律を入れる。
		○単旋律《さくらさくら》と副旋律の付いた《さくらさくら》とを比較聴取する。
	再経験	○ペアで主旋律と副旋律を合わせて《さくらさくら》を弾く。
	評価	○リレー奏で発表をする。〔箏の主旋律+箏の副旋律の合奏〕
		○単旋律と副旋律付きの比較聴取のアセスメントシートで学習の確認をする。
備考		・副旋律は楽譜をそのまま奏させるのではなく,子どもの実態に応じたものにする。

　《さくらさくら》のふしに副旋律を付けて弾きます。副旋律は,山内雅子・大原啓司編著(2002)『授業や音楽会ですぐに使える楽しい箏楽譜集』音楽之友社,19頁の楽譜を参考にしています。

　「経験」では,《さくらさくら》音探しをして5音を平調子に調絃し,弾けるようになります。そこで,ある子どもに主旋律を弾かせ,そこに教師が副旋律を入れます。これは教師が前ぶれなく突然に入ると,子どもたちにアッという驚きが生まれ,一体何が起こったのかと探究の気持ちが生じるでしょう。

　「分析」では,驚きの原因を探ります。子どもが弾いていた単旋律と,教師が入った副旋律付きの《さくらさくら》とを比較聴取します。そこに「副旋律が付くと大勢でお花見に来たみたい」というような感受のイメージが出ます。

　「再経験」では,副旋律の表現効果を意識したうえで,2組のペアがグループになり,2面の箏で主旋律と副旋律を合わせて弾く練習をします。ここではうまく呼吸を合わせるということを共通の目的として,ペアで教え合いが生まれます。

　「評価」では,リレー奏で発表させ,2人が息を合わせて弾いているか演奏技能を評価します。またアセスメントシートで,主旋律だけのものと副旋律がついたものを比較聴取させ,音の重なりに対する知覚・感受・理解を確認します。

プログラムⅢ-4　《うさぎ》に前奏と後奏をつくる

「様子を思い浮かべて《うさぎ》に前奏と後奏をつくろう」(2時間)

| 準備 | ○絃13本に柱をおおまかに立てておく。七を合わせておき,七を基準に平調子に調絃させる。 |

Ⅱ 和楽器合奏プログラムと解説

		○爪有り
指導内容		箏の奏法と音色【箏のいろいろな奏法と音色】
調絃		《さくらさくら》で13絃すべて平調子に調絃する。
単元構成	経験	○《うさぎ》を弾き，イメージに合う前奏と後奏を考える。 ○箏のいろいろな音色や奏法（スクイ爪，押し手，カラリン，コロリン，ピッチカート等）を思い出し，前奏，後奏として使ってみる。
	分析	○2,3ペアの中間発表をし，そこで使われた音色を知覚・感受し，奏法とイメージとの関係を確認する。
	再経験	○さらに《うさぎ》の前奏と後奏を工夫する。 ○うたの部分にオスティナートをつくって付ける。
	評価	○リレー奏で発表をする。 ○発表を聴いて，そこに使われた音色の知覚・感受を問うアセスメントシートに答える。
備考		・「経験」で，たとえば箏のいろいろな奏法を使っている湯浅譲二作曲《蕪村五句〜狐火の燃えつくばかり枯尾花》（吉村七重演奏）を一部聴かせると，子どもは活動のイメージがもちやすい。

　日本古謡《うさぎ》については，前の単元でふしを弾くことはしています。この単元では《うさぎ》に前奏と後奏をつくる活動をします。ここではクラス全体で発想を出し合って，出された発想を箏でやってみて，音で確認しながら発想を選択していきます。頭で発想をひねり出させるのではなく，子どもにそれぞれに箏を触って試させながら発想を出させるようにします。出た発想はすぐにみんなで実際やってみて，取捨選択していきます。このように，実験しながらつくっていきます。

　「経験」では，上に述べたことがなされます。音を探るときは，1年生からやってきた音探究で見つけたいろいろな奏法が試されます。また，ここでの前奏・後奏づくりは，今回はふしをつくる音楽づくりではなく，音素材を生かして情景の雰囲気を表現する音楽づくりなので，参考として，吉村七重の演奏する，湯浅譲二作曲《蕪村五句〜狐火の燃えつくばかり枯尾花》を聴かせます。聴いている子どもは，そこに出てくるさまざまな音色は今まで自分たちが発見してきたものに通じるものが多いので，音楽の中でのそれぞれの表現的な特質を味わうことができます。

　そして《うさぎ》の情景について，子どもから「風が吹いて草が揺れている」というように出されます。箏でそういう情景を表すような音を探って出し合い，クラスで1つの前奏をつくっていきます。その過程では，風の音をグリッサンドでやっていた子どもは手の力の入れ方を調節するようになったり，グリッサンドの後に1音入れる，その間を工夫したり

する姿も見られました。

「分析」では，「経験」で出されたクラスの中でのいろいろな発想を，実際みんなで真似してみたり，やってみた感受を言葉で伝えたりして，イメージに合う奏法を選んでいきます。

「再経験」では，ふしに，これまでの学習で経験したピッチカートやオスティナートを付けることをします。

「評価」では，合奏をリレー奏で発表させ，そこでイメージが伝わってくるかという点から演奏技能を見ます。またアセスメントシートで，イメージがよく伝わってくる前奏・後奏での音色の使い方について知覚・感受の学習状況を確認します。

プログラムⅢ−5　琉球音階（りゅうきゅうおんかい）で自由に音楽づくりをする

「琉球音階を使って箏でイメージを表す音楽をつくろう」（3時間）

準備		○絃13本に柱をおおまかに立てておく。七をラに合わせておく。 ○爪有り
指導内容		音階【琉球音階】，イメージと構成要素との関係
調絃		13絃すべて琉球音階に調絃する。ミ（五）♯ソ（六）ラ（七）シ（八）♯レ（九）ミ（十）。
単元構成	経験	○ペア形態で，個々人4×2小節の短いふしをつくる。記憶のために好きな書き方で書きとめる（縦譜，数字譜，階名等）。 ○2組のペアがグループになり，お互いのふしを聴き合い，それらを材料に取捨選択して，4×2×4の曲をつくる。
	分析	○2,3グループの中間発表をし，ふしから受けるイメージを交流する。
	再経験	○テーマを決めて，さらに表現の工夫をする。打楽器を入れたり，副旋律（オスティナートなど）を入れたり，箏のいろいろな奏法を入れたり，既習の内容を思い出して使う。
	評価	○演奏発表をして批評を交流する。 ○1つ演奏を選び，そこでの表現の工夫について記述する。 ○琉球音階を含むいろいろな音階の知覚・感受を問うアセスメントシートに答える。
備考		・箏は柱の立て方でいろいろな表現が生み出せることを理解させる。

箏は柱の立てる位置でいろいろな音階をつくることが可能となります。そこでこれまで

やってきた民謡音階，都節音階だけでなく，新たに琉球音階をつくって音楽づくりをします。

「経験」では，これまでに柱を動かして音階をつくるということはやっているので，まず自分たちで琉球音階に調絃します。電子オルガンにテープを貼って持続音をつくり，調絃の補助とします。音階ができたら，その音の並び方を生かして一人ひとりふしをつくります。そしてグループになって，それらを組み合わせたりつくり直したりして，まとまりある長いふしにします。

「分析」では，イメージがもちやすいグループを教師が選び，中間発表をします。聴き手から「楽しく踊っているみたい」というイメージが出ると，ふしのどういうところからそんな感じがするのかということを話し合います。

「再経験」では，テーマを決めてそのイメージを表現するように表現の工夫を考えていきます。「太鼓を重ねてお祭りみたいにしたい」というグループは，パーランク（太鼓）をオスティナートのように重ね，三板（カスタネットのような沖縄の楽器）を合いの手に入れて音を重ね，アンサンブルをつくっていきました。

「評価」では，グループ発表を行わせ，そこでイメージが伝わってくるか演奏技能の評価をします。アセスメントシートでは，他のグループの演奏を1つ選ばせ，その演奏について表現の工夫をしている点を見つけて記述させます。さらに，同一の旋律を日本のいろいろな音階（都節，民謡，琉球）で弾いて示し，それらの音階の知覚・感受について評価します。

プログラムⅣ 中学校1学年

プログラムⅣ-1 篠笛(しのぶえ)の奏法と音色を探究する

「篠笛の音色を意識してわらべうたを吹こう」(1時間)

準備		○1人1本,篠笛をもつ。
指導内容		篠笛の奏法と音色【篠笛の奏法と音色】
単元構成	経験	○篠笛で息の入れ方をいろいろ試して,音がなるコツを見つける。音が鳴るようにグループで交流する。
	分析	○篠笛とリコーダーとを比較聴取する。
	再経験	○クラスで,篠笛の音色をイメージしながら,《たこたこあがれ》のうたに篠笛1音(七=シの音)で伴奏する。 ○1音か2音かを自分で選び,《たこたこあがれ》を吹いてみる。
	評価	○グループでリレー奏をしていく。箏(こと)を用意し,教師あるいは生徒が《たこたこあがれ》旋律を弾く。〔箏の主旋律+篠笛伴奏の合奏〕 ○篠笛とフルートの音色の比較聴取のアセスメントシートに答え,学習の確認をする。
備考		・この時間内に篠笛の音が出ない生徒も,箏パートで合奏に参加できるようにする。

　初めて篠笛(しのぶえ)と出会います。箏(こと)と初めて出会ったときと同様に音探究から入ります。篠笛の場合は音を出すこと自体がなかなか難しいので,音を鳴らすことができればよしとし,どうしても鳴らない生徒は箏でふしを弾くなどして,各自できることを生かして合奏をします。それができることが合奏の利点とも言えます。

　「経験」では,いろいろ息の入れ方を試して音を出すことが音探究となります。重要なことは,息の入れ方を意識して「こうしたらこうなった」というような身体の使い方とその結果を結びつける思考を行うことです。いくら試しても鳴らない生徒は,鳴っている友だちを見つけて,教えてもらいにいく場を設けます。ここでは,共通の目的に向かって生徒同士の関係をつくることも教育的なねらいになります。教えてもらって音が出るようになった生徒は,教えてくれた生徒に握手を求める姿も見られました。

　音探究の途中では,各自が活動で得たことを言葉にする振り返りの場をもちます。そこで自分の見つけた吹き方のコツが発言されると,それを聞いた生徒はすぐそれを試してみよう

とします。人の身体はそれぞれ違うので万能のコツはありません。いろいろな身体の使い方を試しては，より有効な使い方を見つけていくことを促します。

「分析」では，同一曲を篠笛とリコーダーで比較聴取します。自分としては2つの楽器の音色をこのように識別して捉え（知覚），それぞれの音色にこんなイメージをもった（感受），ということを自覚することをねらいとします。篠笛はかすれた感じ，リコーダーは強い感じと捉える生徒もいるし，篠笛はぴんと張っていて強い，リコーダーは響いていると捉える生徒もいます。何が正解というのではなく，イメージをもって識別できればよいのです。そしてその音色のイメージは，これから，いろいろな篠笛の演奏を聴くたびに更新されていくものなのです。

「再経験」では，2音でできている《たこたこあがれ》を吹きます。最初は開放音のみでうたに合わせます，つぎに開放音と指を1つ押さえる音の2音でふしを吹きます。まずは曲が吹けるという達成感を味わわせることが大事です。

「評価」では，グループで篠笛のリレー奏をさせ，演奏技能を評価します。そこに他のグループの生徒が箏でふしを弾いて付けることもできます。アセスメントシートでは同一曲を篠笛とフルートで比較聴取をさせ，篠笛の音色の知覚・感受を評価します。

プログラムⅣ-2　箏・篠笛・打楽器で《こきりこ》を合奏する

「イメージをもって民謡を和楽器で合奏しよう」（4時間）

準備		○箏は柱無し。七を基準に民謡音階に調絃させる。 ○爪有り
指導内容		テクスチュア【旋律とリズムの重なり】，《こきりこ》の文化的側面
調絃		《ひらいたひらいた》あるいは《林の中から》で民謡音階に調絃する。
単元構成	経験	○ビデオで《こきりこ》の文化的背景を知る。 ○うたに合わせて足取りを体験し，特有のリズムをつかむ。 ○ペアで《こきりこ》の音を探し，弾けるようになる。 ○旋律に和の打楽器でリズムを付ける。
	分析	○打楽器が入ったときと入らないときの比較聴取をし，打楽器の表現効果を知る。 ○《こきりこ》で使われる打楽器の由来や意味を知る。
	再経験	○グループで，イメージを相談し，和の打楽器パートと篠笛パートをつくって合奏をする。

	評価	○演奏発表をする。〔箏の主旋律＋声の囃子言葉＋篠笛の響き＋打楽器リズムの合奏〕 ○リズムと旋律の重なりの知覚・感受を問うアセスメントシートに答え，学習の確認をする。
備考		・《こきりこ》には踊りが付いているので，うたうだけではなく，うたうと同時にその足取りをやることで音楽の動きが身体で把握できる。 ・生徒の実態に応じて，《こきりこ》の箏の旋律は前半と後半と担当を分けてもよい。あるいは主旋律とオスティナート伴奏担当を分担してもよい。

　《こきりこ》は富山県の民謡なので，知らない生徒も多いです。そこで，わらべうたで遊んだときのように，踊りの足取りを真似て音楽の動きをつかむことが重要となります。わらべうたは遊ぶことで音と言葉と動きの三位一体を経験しますが，民謡は踊りが付いていることが多いので踊ることで音と言葉と動きの三位一体を経験します。これが音楽活動の土台となります。

　「経験」では，《こきりこ》の文化的背景を知って，人々にとって《こきりこ》がどのような存在であるのかその意味を理解します。音源に合わせて，だれでもできるように簡略化した足取りを踏んでみると《こきりこ》の特徴的なリズムがつかめます。うたうときは歌詞にふしの抑揚を図示した掲示物が補助になります。要するに複数の感覚器官や身体を使うことが，ふしのリズムや抑揚の知覚・感受に有効だということです。

　箏でふしを弾くときは，わらべうたのときの民謡音階に調絃します。《ひらいたひらいた》等を使うと調絃できます。そして《こきりこ》の音探しをします。そして，ふしに篠笛や和の打楽器で音を付けて合奏にしていきます。

　「分析」では，《こきりこ》の箏のふしのみとそこに打楽器が付いたものを比較聴取し，打楽器がリズムを浮き立たせ，雰囲気をつくるという役割を理解します。

　「再経験」では，グループでどんな「こきりこ節」にしたいかというイメージを話し合います。そのイメージが各パートの合わせ方を考える指針となります。

　「評価」では，グループでイメージを言ってから演奏を発表させ，イメージが伝わるかという点から演奏技能を評価します。アセスメントシートは，別の曲でふしのみとそこに打楽器のリズムパターンがついたものを比較聴取させ，旋律とリズムパターンの重なりの知覚・感受の学習状況を一人ひとりについて確認します。

Ⅱ　和楽器合奏プログラムと解説

プログラムⅤ　中学校2・3学年

プログラムⅤ-1　三味線の奏法と音色を探究する

「音色を意識して三味線でわらべうたに伴奏を付けよう」（2時間）

準備		○2人1台，三味線をもつ。
指導内容		三味線の奏法と音色【三味線の奏法と音色】
単元構成	経験	○三味線の音探究をする。 ○三味線の基本的な弾き方を知る。 ○曲をうたいながら開放絃（かいほうげん）の1音で伴奏を付ける。
	分析	○三味線とギターを比較聴取する。
	再経験	○三味線の音色をイメージし，《たこたこあがれ》に三味線1，2音で伴奏する。
	評価	○グループでリレー奏をする。教師は箏（こと）を用意し，旋律を弾く。〔箏の主旋律＋三味線伴奏の合奏〕 ○三味線とギターの音色の比較聴取のアセスメントシートに答え，学習の確認をする。
備考		

　新しい楽器を導入するときは音探究から入ります。まずは楽器に馴染むためです。いろいろ試してみて，ここを触ればこんな音がするという自身の働きかけとその作用の結果とのつながりを実感します。ああしてはいけない，こうしてはいけない，こうすべきだという外からの規制のないところで，身体を自由にして初めて出会う楽器について諸感覚で知っていきます。

　「経験」では，三味線の音探究をして身体が多少馴染んでから，三味線の基本的な扱い方を知ります。そして，開放絃ですぐに教師のうたうわらべうたに合わせて音を鳴らしてみます。

　「分析」では，ギターと音色の比較聴取をします。和楽器は1つの音だけでもその場の雰囲気をつくる固有の音色をもっています。そこで，ギターは「やさしい。後が長いこと響いている」，三味線は「1個1個とがっている。あまり響かない」と識別した生徒は，とがっているという感じをその言葉では言い表しきれないと思い，ジェスチュアで示しました。音色の質感は言葉では言い表すことはできないものですが，あえて言葉で言ってみることで自

分の受け止め方を自覚していくことができます。

「再経験」では，三味線の音色を意識しながら《たこたこあがれ》に開放絃で伴奏を付けます。まずはこころのなかでうたいながら，音楽の流れのなかで音を出すことをします。1つの音が出せるようになれば，だれかが箏でふしを弾き，それに三味線の1音を付けることから合奏をしていきます。

「評価」では，教師が箏でふしを弾き，そこにグループで三味線のリレー奏をさせ，演奏技能を評価します。アセスメントシートでは同一曲を三味線とギターで比較聴取をさせ，三味線の音色の知覚・感受の学習状況を評価します。

プログラムⅤ-2　箏・篠笛(しのぶえ)・三味線で《さくらさくら》を合奏する

「《さくらさくら》を和楽器で合奏しよう」（3時間）

準備		○箏は柱をおおまかに立てておく。七を基準に都節音階(みやこぶし)（平調子(ひらちょうし)）に調絃させる。 ○爪(つめ)有り
指導内容		テクスチュア【箏・篠笛・三味線の音色の重なり】
調絃		《さくらさくら》で都節音階（平調子）に調絃する。
単元構成	経験	○ペアで箏で《さくらさくら》の音を探し，弾けるようになる。 ○そこに篠笛を入れる。
	分析	○篠笛が入ったときと入らないときの比較聴取をし，篠笛の表現効果を知る。 ○そこに三味線を加え，三味線の表現効果を知る。
	再経験	○グループで，箏，篠笛，三味線で合奏をする。
	評価	○リレーで発表をする。〔箏の主旋律＋篠笛＋三味線の合奏〕 ○音色の重なりの知覚・感受を問うアセスメントシートに答え，学習の確認をする。
備考		・《さくらさくら》はうたっておく。

三味線の続きの単元になります。《さくらさくら》に三味線で開放絃の2つの音を付け，箏と篠笛で合奏をします。

「経験」では，箏で《さくらさくら》のふしを弾けるようにします。そこに篠笛を入れます。思い出しの復習も兼ねています。

「分析」では，箏の《さくらさくら》とそれに篠笛が入ったときを比較聴取し，篠笛が重

なる表現効果を知覚・感受したあと,さらに,そこに三味線が加わったときを比較聴取します。

「再経験」では,グループで箏,篠笛に三味線を入れて合奏をするので,黒板に三味線の入るところを図示しておきます。グループでは各自が得意な楽器を担当し,箏と三味線と篠笛で合奏をします。

「評価」では,グループでリレー奏をして発表します。教師は,各パート間の合わせ方に注目して演奏技能を評価します。アセスメントシートでは,別の曲で箏のみのものとそこに篠笛,三味線が加わったものとを比較聴取させて,音色の重なりに対する知覚・感受の学習状況を評価します。

プログラムⅤ-3 曲構成を考えて創作《天神祭》をつくり,箏・篠笛・三味線・太鼓で合奏する

「和楽器の音を重ねて創作《天神祭》を合奏しよう」(6時間)

準備		○箏は柱をおおまかに立てておく。七(=ソ)を基準に民謡音階に調絃させる。 ○爪有り
指導内容		テクスチュア【旋律と旋律,旋律とリズムの重なり】,《天神囃子》の文化的側面
調絃		《ひらいたひらいた》で民謡音階に調絃する。
単元構成	経験	○天神祭の映像を見る。 ○天神祭で聞こえてくる篠笛の旋律パターンや締め太鼓等のリズムパターンに注意を向けて,口唱歌を口ずさんだり,手で打ったりする。 ○リズムパターンを重ね合って楽しむ。 ○そこにお囃子の旋律を箏で教師が加え,傘踊りの身体表現をしてお囃子の動きを感受する。
	分析	○篠笛の旋律パターンのみと,それに打楽器のリズムが重なったものを比較聴取し,打楽器が重なることの表現効果を出し合う。
	再経験	○楽器の重なりを意識して,和楽器で《天神祭》の合奏をする。天神囃子のうたを担当する箏パートも入れ,各楽器パートの連結の仕方や重ね方を考えて和楽器合奏《天神祭》を構成する。
	評価	○クラスで発表する。〔箏の主旋律+三味線・篠笛の副旋律+打楽

		器リズムの合奏〕
		○能楽囃子で笛のみの演奏と，笛に打楽器（打ちもの）の入った演奏を比較聴取し，アセスメントシートに答え，学習の確認をする。
備考		・天神囃子には「傘踊り」という踊りが付いているので，合奏に合わせて足取りだけでもやりながら行列をしてみると，お囃子の動きがつかめる。

　これまで授業で触ってきた箏，篠笛，三味線，太鼓，四竹（竹片が2枚合わさったカスタネットのような楽器）という和楽器を使って，大阪の天神祭の天神囃子を合奏する単元です。

　「経験」では，まずは，天神祭とそこでの天神囃子の映像を視聴し，その文化的背景を知ります。天神囃子には傘踊りという踊りが付いているのでその足取りを全員でやってみます。足取りを通して，天神囃子に通低している「テンツク　テンツク　スッテン　テンツク　テンツク　スッテン　テン」という基層的リズムを身体でつかむことができます。このリズムが箏，篠笛，三味線，太鼓，四竹を1つにまとめ上げるものなので，身体でつかんでおくことが重要です。そして各楽器パートのリズムパターンを口唱歌でうたって覚えます。口唱歌が楽器を打つときの寄辺となります。

　「分析」では，天神囃子の篠笛のふしだけと，そこに太鼓が重なったものとを比較聴取します。太鼓が重なったときの表現効果を実感するためです。たとえば，篠笛だけのときは「残念な感じ，さみしい音だから」，太鼓がつくと「さわいでいる感じ，だけどうるさくない」と感受する子どもがいました。

　「再経験」では，パートごとに集まって各パートの練習をします。そして全員集まったところで，出だしを何のパートからどう始まるか，パートをどうつないでいくか等，起承転結のようにパートの構成を考え合います。そしてまとまりある1つの作品をつくります。

　「評価」では，グループでリレー奏をして発表します。各パート間の合わせ方に注目して評価します。アセスメントシートでは，別の曲で笛のみのものとそこに太鼓が加わったものとを比較聴取させて，音色の重なりに対する知覚・感受の学習状況を評価します。

III 伝統音楽シンポジウム

「学校における伝統音楽の教育」

　大阪教育大学と附属平野小・中が連携し，5年間かけて開発してきた「和楽器合奏プログラム」の成果の発信を機会に，2014年1月11日（土）に，大阪教育大学附属平野小学校体育館において，国際伝統音楽シンポジウム「学校における伝統音楽の教育」を開催しました（科研費課題番号23531255助成）。主催は大阪教育大学和楽器プロジェクト（代表　小島律子・大阪教育大学教授）でした。

　シンポジウムの趣旨は「創造としての伝統」をテーマに，学校教育で伝統音楽をどう位置づけることができるかについて議論し，伝統音楽教育についての理解を深めるところにありました。本章ではこのシンポジウムの報告を行います。プログラムを以下に示します。

【プログラム】
　オープニング　箏の記念演奏
　　　吉村七重 演奏　　「七重」西村朗作曲（吉村七重委嘱作品）1988
　第Ⅰ部　基調講演　21世紀の今，学校で伝統音楽教育を行う意義
　　　吉田純子（朝日新聞文化部記者）
　　　　　・ジャーナリストの目からみた世界における日本の伝統音楽
　　　石田一志（音楽評論家）
　　　　　・音楽文化からみた世界における日本の伝統音楽
　第Ⅱ部　大阪教育大学和楽器プロジェクトの成果の発表
　　　平野小学校の児童，平野中学校の生徒による和楽器合奏
　第Ⅲ部　シンポジウム　―海外の授業実践映像とともに―
　　　●韓国の伝統音楽教育の現状と課題（通訳付き）
　　　　　韓国　京仁教育大学教授　Dr. Kwon, Doug-won
　　　●ハワイの伝統音楽教育の現状と課題（通訳付き）
　　　　　ハワイ　プナホウ小学校　Dr. Drozd, Karen
　　　●箏演奏における伝統と創造
　　　　　箏演奏家　吉村七重

1 基調講演「21世紀の今,学校で伝統音楽教育を行う意義」

(1) ジャーナリストの目からみた世界における日本の伝統音楽

吉田純子(朝日新聞東京本社文化部記者)

> 【プロフィール】 1971年和歌山生まれ。ピアノと作曲を学ぶ。東京芸術大学楽理科卒,大学院音楽研究科修了。共著に『クラシック・コンサート制作の基礎知識』(ヤマハミュージックメディア)など。

「良き文化はおのずと受け継がれる」というのは真実だが,そこに安住していてはいけないと感じる。なぜこの文化を未来に伝えなければいけないのか,文化に携わる私たち一人ひとりが自問し,人々を説得しなければいけない時代になりつつある。

新聞やテレビといったマスメディアも,視聴率や購読率を意識し,日本の伝統音楽やクラシックなどよりも,人々が流れやすい娯楽のほうを積極的に扱うようになりつつある。だからこそ,子どもたちに1つでも多く,意識的に「本物」に触れさせる現場の努力がこれまで以上に求められるのではないか。

東日本大震災のとき,バッハの「G線上のアリア」がさまざまな機会に演奏され,傷ついた人々の心に寄り添った。すぐれた芸術は,人間の精神が,ひとりの人生や肉体を超え,永遠に生き続けることができるのだと証明する。

伝統楽器の奏者が,現代作曲家に曲を委嘱する機会も増えている。その際,あえて正しい奏法を作曲者に教えずにつくってもらうこともある。楽器のことを知らない人に,新しい可能性を引っ張り出してもらいたいとの狙いからだ。正統的な奏者が思いつかない新しい奏法が開拓され,楽器を新たな時代へと導いている。他ジャンルとの出会いを繰り返すなか,残るものも消えていくものもあるだろう。いずれにせよ,こうした「醸造」の行程を経てはじめて,伝統は残るべきかたちを整えていくものかもしれない。

協会にあえて入らないという若手能楽師もいる。内向きな業界の約束事が,他のジャンルとの自由なコラボレーションを妨げることがあるからだ。作曲家の冨田勲は,80歳にしてボーカロイドの初音ミクを使い,宮沢賢治の「イーハトーブ」を素材にした新たな交響曲を書いた。新しい媒体への好奇心を持ち,己の創造の行方を楽しみながら観察している。伝統のジャンルに軸足を置きつつ,新しい世界へと羽ばたいていくアーティストたちの活動も,大いに示唆を与えてくれるものになるはずだ。

最近の教科書は,先ほど述べたメディア同様,子どもたちが飽きずに楽しめることを優先

Ⅲ　伝統音楽シンポジウム「学校における伝統音楽の教育」

する傾向にある。ポップスやアニメソングが増える一方，昭和の童謡や唱歌が教科書から追いやられはじめている。

　なぜ人は歌を歌うのか。その原点に，改めて立ち戻る必要があるだろう。有名な「うみ」の歌詞に「行ってみたいな　よその国」というくだりがある。この曲がつくられたのは，第2次大戦の真っ最中。早く戦争が終わり，子どもたちが他の国の人々と純粋な好奇心で出会い，心を結び合える時代が来ますように。そんな祈りが託されているようにも読める。ときに歌は，ことばの本質を，書物以上にダイレクトに人の心に響ける。人々の心を，闘いではなく，平和に引き寄せるための「知恵」の宝庫ともいえる。

　東日本大震災のときは，「ふるさと」が人々の心を結んだ。教科書に載り続けているからこそ，おばあちゃんと孫がいっしょに歌うことができる絆の 礎(いしずえ) になった。

　学校現場でも，箏などの伝統楽器を実際に弾かせる授業が増えていると聞く。単に楽しませるにとどまらず，もう1つ，深く何かを考えるきっかけを子どもたちに与えるとよいのではないか。伝統は，未来につながるものだからこそ残るものだから。

(2)　音楽文化からみた世界における日本の伝統音楽
―和楽器の可能性と日本の伝統的音楽文化―

石田一志（音楽評論家）

> 【プロフィール】　1946年東京生まれ。慶應義塾に学ぶ。武蔵野音楽大学大学院修士課程修了。元くらしき作陽大学音楽学部教授・学部長。主要著訳書『モダニズム変奏曲～東アジアの近現代音楽史』（朔北社，ミュージック・ペンクラブ賞），『戦後日本音楽史（上下）』（共著，平凡社），『現代音楽』（共訳，春秋社），『シェーンベルクの旅路』（春秋社，芸術選奨文部大臣賞）。

　1960年代半ばから和楽器がいかに国際的に通用するかというトップクラスの和楽器の演奏家の活動があって，その後，30年近く「現代邦楽」という運動が盛んであった。

　歴史的に見ると，和楽器の扱い方が2つあった。

　1つは，「現代邦楽」時代に先立つ「新邦楽」あるいは「新日本音楽」時代の扱い方。

　つまり，西洋音楽史の「コモン・プラクティス期」の音楽は和楽器でも可能だというアプローチである。西洋音楽史の「コモン・プラクティス期」の音楽とは，おおよそ1600年から1900年まで，通常，西洋のクラシック音楽といわれるものである。五線譜上に記譜されて流布した，調性に基づく旋律，和声，リズム，形式等を備えた音楽。このごく当たり前の西洋音楽は，西洋近代の合理主義や産業，経済活動などの確立とともに，一種の普遍性を帯びてきた。東洋でいち早く西洋的近代化を目指した日本も，明治以降それを積極的に受け入れてきた。和楽器を使ってもコモン・プラクティス期の音楽が演奏できるというアプローチは，1920年代から主に宮城道雄やその後継者たちによって60年代に入るまで展開された。

お箏が中心楽器だったことが特徴で，とうとうお箏によるバロック音楽の演奏なども登場した。
　もう1つは，1960年代後半の尺八ブームに始まる「現代邦楽」である。コモン・プラクティスの音楽に対してのオルタネティブの音楽探求ともいえる。尺八は電子音楽より複雑な音色が出ることで最初に注目されたが，三味線のサワリ（倍音や噪音（そうおん）を含む特殊な響き），琵琶の撥音（ばちおと），和太鼓などの西洋音楽が重視しなかった音響にも注目が集まって，活用される和楽器の種類が，雅楽，能楽，民俗楽器も含んで大いに広がった。これまで限りなくピアノに接近していたお箏もピアノにできない新しい調絃や奏法の探求があった。
　こうした2つの方向，つまり和楽器は洋楽器と同じことができるという方向と洋楽器にできないことができるという方向での和楽器の可能性の追求は，確かに大きな成果をあげた。しかし，煎じ詰めれば両方向とも和楽器をあくまで音を発するための道具，いわば「音具」として捉えたものであったといえよう。

　翻って考えてみたい。和楽器が奏でてきた日本の音楽の特徴はどこにあるだろうか。
　日本文化は重層性および多様性を備えている。過去も大事にするが，同時に好奇心もあるという日本人の気質ゆえであろうか。
　そうした重層性と多様性を備えた日本音楽文化の一番の特徴は，総合的である点にあると思う。人間の表現の多様性が1つの行動のなかに統合されているという意味で，「芸能」なのである。しかも，いろいろな感覚器官，五感も六感までも働かせるくらい，幅広い感性を活かした表現力と受容力が特徴となっている。神話でいえば日本の音楽の起源は天の岩戸の前のウズメノミコトの歌舞ということになるが，少なくとも古事記や万葉集の時代から，日本人は自らのその表現力を歌に託してきたことは事実である。
　しかし，新しい和楽器の活用は先に述べた歴史の中では，もっぱら「音具」的に純器楽的探求が目立ち，歌や言葉から，あるいは舞いのような身体表現からも遠ざかっていた。学校という総合的な教育の場において，和楽器教育を考える場合，いろいろなアプローチを考える必要があるのではないか。「音具」的活用にこだわると，日本の伝統的音楽文化の特色を無視した音遊戯の案出に留まってしまう危惧もある。
　先に，「新邦楽」から「現代邦楽」の歩みに言及したが，実は新しい日本音楽を作る運動を興した宮城道雄の作曲活動は幅広いものであった。宮城道雄といえば「春の海」が頭に浮かぶが，400曲以上の作品のなかで純器楽曲は4分の1に満たない。たとえば彼の最初の傑作とされる「水の変態」という曲は，発想のきっかけは弟の読み上げていた国語の教材で，水が変化して雲になり，霜になったりしていく様子を和歌に詠んだものを歌詞にしている。理科で学ぶこと，国語で学ぶことが音楽になっている。そのような複合的な発想がこの曲の根底にある。また，彼は，童曲という子ども用の作品も110曲ほどつくっている。そこで

は動物や親子などが描かれている。たとえば「ワンワン，ニャンニャン」という曲もある。このような観点から宮城道雄の発想をもう一度振り返るのも，学校教育にとって示唆多いと思われる。

　伝統音楽の特徴に口唱歌がある。楽器の伝承法の1つである。楽器を声で表現するのだが，これはもっと活用すべきであろう。口唱歌だけで合奏することもできる。あるいは楽器の足りなさを補うこともできる。
　また，日本の音楽は，本日の演目の天神囃子のように踊りを伴っているものが多い。お祭りのステージで音楽を形で表現する。
　このように日本の音楽の在り方は多様性を生んできた。そういうわれわれのつくってきた独特の文化が，われわれの人間性をつくってきた。われわれに刺激を与え，人格を形づくってきた。このような感性で全体を包み込んだ総合性を，学校という総合的な場所でつくり直してほしい。
　コモン・プラクティスという形で西洋音楽が広がったけれど，現代音楽というそれを越えようという西洋の人たちの発想，その両方を日本の楽器は総合してきた。ただ，その過程で，言葉やそこに含まれる総合性の性格を忘れてきてしまった。それを回復することが学校教育での伝統音楽教育の次の課題となる。

2　大阪教育大学和楽器プロジェクトの成果の発表

　本シンポジウムで，平野小学校の児童および平野中学校の生徒による《豆がら》《海の中から》《うさぎ》の和楽器合奏を行いました。そのときの子どもたちが合奏に込めた表現意図を書いたノートがありますので，一部ご紹介します。

> 《豆がら》は，竹ブロック，竹ギロ，竹スティック，マウイマリンバの4つの竹の楽器を使って，お豆が楽しくはねながら遊んでいる様子を表します。《海の中から》は，お箏の弾き方で，サメ，わかめ，イルカの海の中での様子を表しました。また，それに合うように，竹木琴，竹太鼓，竹風鈴，マウイマリンバを使ってリズムを重ねます。竹楽器の音色やリズムの違い，お箏の弾き方の違いに注目して聴いてください。

> 《うさぎ》は，満月の輝く夜にうさぎが跳ねている様子をイメージできる曲です。うさぎがリズムにのって跳ねる様子，すすきが風に揺れる様子，月がゆっくりとのぼる様子で，私たちのイメージを表現します。主旋律に，グリッサンドやピッチカートなどの効果を加えることで，ゆったりとした静かな中でうさぎが跳ねる様子を伝えたいと思います。

> 《うさぎ》は，月が上がってくる中でうさぎが跳ねる様子を表現します。
> 月が上がってくる感じを，一から六の糸をピッチカートすることで，おぼろげな月の光が暗い中に輝いているのを表しています。何となく不思議な感じがするところがすきです。その場所にいるような感じになってもらえるように演奏します。

3　シンポジウム　―海外の授業実践映像とともに―

(1)　韓国の伝統音楽教育の現状と課題

Dr.Kwon, Doug-won（クォン・ドクオン，韓国　京仁教育大学教授）
通訳：ユ・ジヒョン

> 【プロフィール】　ソウル大学音楽大学国楽科卒業，大学院（音楽教育専攻）修了，米国イリノイ大学大学院で「音楽教育学博士」取得。ハンソンジュン高等学校教員，韓国教育開発院研究員，春川教育大学教授を経て，現在，京仁教育大学教授。韓国音楽教育学会（Korea Music Educators' Society）の前会長。著書に『音楽教育の基礎』『国楽教育論』『音楽教育哲学』『韓国音楽認知能力検査（音樂認知能力檢查）の理解と活用』『世界の学校の音楽教育課程』。

1）　学校音楽の歴史

　韓国で近代学校ができたのは1880年代であり，キリスト教宣教師によって主に讃美歌が教えられていました。学生たちは自然と西洋音楽を学ぶようになりました。1910年からの日帝時代には西洋音楽に加え，日本の唱歌の影響を受けるようになりました。1945年解放以降は，アメリカの影響を受け始めました。ただし，教師たちは日帝時代に教育を受けたものであったため，日本からの影響が1980年代まで続きました。

　韓国で伝統音楽が注目されたのは1970年以降からです。「韓国国楽教育研究会」が発足して，伝統音楽教育の研究が始まりました。国楽というのは韓国の伝統音楽のことです。国楽教育研究会の会員が，教科書に伝統音楽が少ないことを指摘して，政府に働きかけ，徐々に教科書に伝統音楽が取り上げられるようになってきました。現在では伝統音楽が30〜35％を占めるようになっています。量的には増えてきましたが，それに伴って改善すべき課題が多く出てきているのが現状です。

2）　教育課程

　日本の学習指導要領にあたる韓国の教育課程は，この55年間で9回の改訂が行われまし

た。当初は進歩主義や学問中心主義などの欧米の教育思想の影響を受けていましたが，1987年第5次から「望ましい人間像」を示し，韓国的になっていきました。そのあたりから国楽の比重が増加してきました。

第6次で国楽教育で重要な要素（長短など）が教育課程に具体的に示され，第7次とその次で，より広いカテゴリーの概念の枠組みのなかで，さまざまな国楽の要素を指導することができるシステムを提示することとなりました。

この表（次ページ）のように，リズム系に関するもの（長短，韓国の言葉のパターン：マルプチムセ），音高や音の進行や調に関するもの（トリ），和音などの音の重なり，形式，強弱や速度（ハンベ），音色というようなカテゴリーの中に，国楽特有の用語が示されました。

次に，初等学校における教科書が含む伝統音楽の割合を見ていきます。これは3年生の教科書のグラフです。教科書の歌唱曲を見るといくつかの様式に基づいています。

ここでは伝統的な歌が第6次，第7次と，2007年と大幅に増えています。さらに初等学校3学年に限らず教科書全体を見ても，やはり緑色の線（T3）の，伝統的な歌がこの20年間で大幅に増えています。

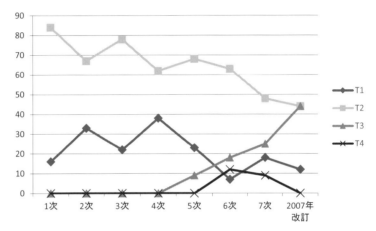

T1：西洋の作曲家が作曲した歌あるいは，西洋の伝統的な歌
T2：韓国人が西洋語法に基づいてつくった歌
T3：韓国の伝統的な歌
T4：韓国人が韓国の伝統的な語法に基づいてつくった歌

グラフ　初等学校3学年の音楽科教科書における国楽の割合の変遷

3） 韓国の伝統音楽教育の課題と提案

1880年代から1980年代まで，伝統音楽教育の重要性が認識されるまでは韓国の学校音楽教育は西洋音楽を中心に行われていました。この100年間，学校で伝統音楽をあまり扱わず，最近になって伝統音楽を教え始めたことで，さまざまな問題点が生じています。以下にその問題点を挙げます。

① 教師の伝統音楽の教授技能が及ばない

教科書における伝統音楽の割合は30％を超えていますが，実際に教師はその内容を教える準備が整っていません。教育大学（初等教員養成機関），師範大学（中等教員養成機関），

表　2009年改訂音楽科教育課程の概念体系表

初等学校3〜4学年群	初等学校5〜6学年群	中学校1〜3学年群
・拍，拍子 ・長短 1)（チャジンモリ，セマチ），長短の勢 2) ・音の長さ ・簡単なリズムパターン ・長短の形態 ・言葉のパターン ・マルプチムセ 3)	・拍，拍子 ・長短（チュンチュンモリ，クッコリ，時調 6)），長短の勢 ・いろいろなリズムパターン（シンコペーションを含む） ・長短の形態（続く形，終わる形） ・マルプチムセ	・いろいろな拍子 ・長短（チュンモリ，オッモリ，歌曲），長短の勢 ・いろいろな拍子のリズムパターン ・いろいろな長短の形態 ・マルプチムセ
・音の高さ ・順次進行，跳躍進行 ・シギムセ 4)（揺れる，流れる，折る）	・音名，階名，律名 ・長音階，短音階 ・地域のトリ 7) ・シギムセ（揺れる，押し上げる，転がす）	・いろいろな音階 ・地域のトリ ・いろいろなシギムセ
・音の調和	・主要三和音 ・多様な音の調和	・七の和音 ・多様な音の調和，終止
・形式（音頭一同形式, ab など）	・形式（キーン・チャジン形式 8)，aba，AB など）	・形式（連音形式 9)，ヨックム形式 10)，ハンベによる形式，フーガ，ロンド，ソナタ，変奏曲，ABA など）
・強弱 ・速度／ハンベ 5) ・声，物の音，打楽器の音色	・強弱の変化 ・速度の変化／ハンベの変化 ・管楽器，弦楽器の音色	・強弱の変化 ・速度の変化／ハンベの変化 ・いろいろな音色

出典：『教育科学技術部 告示第2011‐361号（別冊12）音楽科教育課程』7頁より

【用語の解説】
1) リズムパターン
2) 長短のアクセント
3) 長短に歌詞や楽器の音を付けることで生じるリズム
4) 旋律を装飾する表現技法
5) 速さの程度を表す用語
6) 伝統的な声楽曲の一種
7) 特定の地域や楽曲を特徴づける音楽様式の用語
8) 拍節のないゆっくりな歌と拍節のある速い歌が対になって歌われる形式
9) 異なる楽器がそれぞれのふしを重ねていく形式
10) ふしや朗唱を組み合わせたりつないだりする形式

音楽大学（一部中等音楽教師養成）などで伝統音楽教育に関わる科目を設けてないところが多く，将来の教師たちは伝統音楽教育について十分な教育を受けることができていません。これから教育大学及び師範大学のカリキュラムに伝統音楽関連の科目を増やしていく必要があります。また，教師を対象とする教員研修プログラムを開発し，伝統音楽を学習する機会を増やすことと，伝統音楽教育について議論し合う場が活性化できるような支援体制の構築が必要でしょう。

② 児童生徒が伝統音楽を好まない

教師は，伝統音楽は文化の礎であることを強調し，固有の文化をもっと知ってほしいと教えるのですが，児童生徒の反応はあまり高くないのです。彼らは伝統音楽や西洋のクラシック音楽より，K-popなど大衆文化を選り好むため，主に西洋音楽と伝統音楽を扱う学校教育には興味を示しません。まずは，伝統音楽を楽しく教える方法を研究することが至急でしょう。そして，現在伝統音楽教育において扱う「伝統的な」音楽以外に，新しく創作した「現代的な」伝統音楽をも学校音楽教育で取り上げることが望ましいと考えます。

③ 伝統楽器の種類が少ない

現在，学校教育にて扱う楽器は，短簫（タンソ），小笒（ソグム），小金（ケンカリ），金（ジン），杖鼓（チャンゴ），鼓（プク），小鼓（ソゴ）などですが，西洋の教育用の楽器に比べると種類が少ないです。これから教育用の伝統楽器の開発が必要といえます。現在，伝承されている60種の伝統楽器を体系的に分析し，その中から学校教育において活用できる楽器を選定し，その楽器を教育に相応しく改良していかねばなりません。

④ 伝統音楽教育に適した「伝統音楽室」が足りない

韓国の一部の学校では既に「伝統音楽室」があって，教師と児童生徒が教育しやすい環境が設けられていますが，まだ多くの学校では，音楽室や教室で伝統音楽授業が行われています。特に，音の大きい伝統楽器の授業のときには，隣接した教室から苦情が持ち込まれることが多いため，児童生徒は伝統音楽を思う存分表現することができない状態にあります。

⑤ 伝統音楽教育にて用いる歌，理論，用語が統一されていない

楽譜で伝わる正楽（宮廷や貴族の音楽）は大きな問題はないですが，口伝で受け継がれることが多い民俗楽の場合は，研究者がそれぞれの研究目的に応じて採譜が行われるため，同じ歌であっても楽譜に対する見識に不一致が見られます。また，用語と理論の説明においても研究者間で不一致があり，学校教育では何を中心に教えたらいいのか判断が付かず，困難が生じています。これからは，楽譜と用語，理論などの面において，各校種に統一された「標準案」をつくる必要があります。

4）結論

韓国における伝統音楽教育は1980年代以降から本格的に始まりました。この30年間を

振りかえってみると多くの発展と変化が見られます。1880年代以降の約100年間は学校教育において伝統音楽が疎かにされ，1980年代以降から少しずつ増え，現在は約30～35％の割合を伝統音楽が占めるようになりました。教員養成大学における伝統音楽教育はまだ足りないですが，各大学では伝統音楽教育を必須科目として位置付けようと努力しています。

　これからは，伝統音楽教育の問題を伝統文化のみならず，西洋音楽（western music）と非西洋音楽（non-western music）の3者関係から検討する視点をもつ必要があるでしょう。これまでは伝統音楽教育を西洋音楽教育との両者構図の中から割合を考慮してきましたが，これからは世界音楽（world music）の重要性と共に考えるべきでしょう。最近の20年の韓国は，世界のいろいろな国々，特にアジア諸国からのニューカマーが増えつつあり，多文化教育（multi-cultural education）の重要性が一層増しています。1880年代の近代化以降，初期には西洋音楽を中心に教授が実施されましたが，1980年代以降は西洋音楽と伝統音楽の枠組みの中から学校音楽教育が議論されました。2000年以降の韓国の音楽教育は伝統音楽，西洋音楽，そして非西洋音楽とのバランスをとろうとしています。もちろん，この中で非西洋音楽（いわゆる，世界の諸民族の音楽）の割合は少ないですが，その重要性や価値に対する認識は増えつつあります。

　こうした状況の中で，伝統音楽の位置付けは重要な問題であると考えます。この3者の間でどのようにバランスよく，児童生徒に望ましい音楽観を伝えることができるでしょうか。この問題は韓国のみならず，おそらく日本の音楽教育者にとっても重要な学問的な課題になるでしょう。先に西洋音楽を価値づけ，その後自国の伝統音楽に目を向けてきたことは，近代日韓唱歌教育の歴史に共通しています。したがって，音楽教育において自国の伝統音楽をどのように効果的に含めていくかという問題，そして西洋音楽，伝統音楽，世界の諸民族の音楽を，均衡を保ちつつ音楽教育が向かうべき方向をどう設定するかという問題について両国の協力がこれから期待されます。（訳　キム・ギュド）

◇**韓国の初等学校における伝統音楽の授業実践**

映像資料授業者：京畿道金上小学校教諭　朴柱萬（パク・ジュマン）

	題材	対象	時数	本時主題	映像	上映時間
1	豊年歌	小学校6学年	2／3	クッコリ長短を叩きながら歌を歌う。	展開後半－整理	約4分
2	豊年歌	小学校6学年	3／3	クッコリ長短に合わせ，伝統踊りを習う。	展開	約2分
3	トラジ打令	小学校4学年	2／2	歌にふさわしい身体表現をつくって発表する。	展開（グループ発表）	約1分

【質疑】

小島 「韓国は教科書に伝統音楽を入れて，現在は4割入ってきているということです。ただ，やはり教員養成という点で教える能力がなかなか育っていかないということでした。しかし聞いたところによりますと，韓国では24校の大学に国楽の専門コースがあるということですが。」

クォン 「全国の大学のうち専門コースをもっているのは25校あります。その修了生たちが演奏もしていますが，伝統音楽教育にも影響を与えているということはあります。」

(2) ハワイの伝統音楽教育の現状と課題

Dr. Drozd, Karen（カレン・ドロッヅ，ハワイ　プナホウ小学校）

通訳：坂本示洋

【プロフィール】　ハワイ大学大学院（民族音楽学），およびホノルルのシャミナード大学大学院（教育学）で修士号を取得，さらにハワイ大学にて音楽のカリキュラム研究をテーマに「教育学博士」取得。現在，ハワイ大学講師（多文化教育，音楽教育），またプナホウ小学校教師（多文化教育，音楽教育）。ハワイのオルフ協会会長，ハワイ音楽教師協会副会長などを歴任。オセアニア，ポリネシア音楽，アフリカやネイティブアメリカンの音楽の数多くのワークショップを主催。

1）私の音楽教育におけるアプローチ

私はカレン・ドロッヅと申します。25年間あらゆる年齢の学習者に音楽を教えてきました。音楽教育者としての私の信念は，音楽の基本的な構成要素を学習者が理解できるよう手助けすることは，音楽の世界に彼らを導くことと同じくらい重要だということです。ですから，私の音楽教育のカリキュラムは，主に多文化の作品のレパートリーを用いて，社会的・音楽的・国際的な関連を作ることを目的とし，その方法は，多様な音楽的視点と実践と概念を学習し，段階的な聴取活動と総合的な文化学習を通して歌唱やダンスの教材を学ぶというものです。私のクラスの子どもはハワイの文化・音楽・ダンスを学ぶと同時に，他の太平洋諸島の文化や世界中の他の文化との比較も行います。

私の教育的信念は，パフォーミング・アーツは世界中の多様な文化の探求においてきわめて重要なものであり，自己の振り返りと表現のためのツールであり，多文化理解・尊重を育成するために不可欠なコミュニケーション能力と協働力の発達の手段でもあるというものです。

私の教授法は，オルフ・シュールヴェルクのプロセスと実践に音楽民族学（J. Kunst, B. Nettl, A. Merriam, D. McAllester）を組み合わせたものから成り立っています。オルフの音

楽教育は非常に子ども中心で，歌唱，動き，聴取，器楽演奏，創作などの活動を通して音楽の構成要素を探究していくものです。口頭での伝達と模倣を用いることがその教育法の原理であり，遊びから学ぶという子どもの自然な学習過程が反映されています。音楽民族学からは，特定の文化を理解するための手法として文化的な思考法と行為を研究する社会文化的アプローチと，文化間の類似点と相違点を比較対照の形式で分析する異文化間理解と比較文化の方法（Wesleyan Symposium, 1984）を取り入れています。さらに，私の教育法は相対主義の立場を取っていて，実際の経験を通して学びながらバイミュージカル（複音楽性）を身につけてもらおうというものですが，比較や分析を行う際に自民族中心主義的価値判断に陥らず「それぞれの社会はその社会独自の基準で作品を評価すべきだ」という点に関して常に最大限の注意を払っています。

2） ハワイ伝統音楽の教育

ハワイ州では，1981年に各学校にハワイアンスタディプログラムを設置し，幼稚園から高校までの全公立学校にクプナ（ハワイ語で年長者の意味）プログラムを導入しました。プナホウスクールはホノルル市にある私立学校ですが，ハワイ民族の文化・歴史・言語の学習を促進するための優れたプログラムを，幼稚園から8年生まで実施しています。このプログラムの根拠となっている考えは，ハワイ文化とは過去と先祖の知恵から学ぶことを意味するということです。

このことは，私たちを現在と未来へと導き，自分たちの生活する場所や周囲の人々との強い繋がりを生み出すという点で重要です。自分が何者でどんな信念を持っているかを理解するためには，自分がどこから来てどこで生活しているかを理解することが重要です。私にとってハワイ伝統音楽を教えることは，ハワイに昔から伝わる知恵を人生の根幹（カフアオラ）として継承し，ハワイ先住民の視点をあらゆる面で意識化するという意味も持っています。この学習経験はクプナ（年長者／先祖）からの贈り物です。この中には，カアアーイナ（土地）とケカイ（海）とオハナ（大家族）に対するクレアナ（保護責任）というハワイの価値観も含まれます。

3） 多文化音楽教育
① 音楽を文化的文脈の中に位置づける

音楽の背景にあるものを文化的現象として子どもたちが理解することが重要です。音楽とは何か，どのような力を持っているか，そして生活・人々・世界観とどのように関連しているかを理解することを目的としています。このような文化的文脈は，その時代の出来事や人々，さらには当時支配的だった思想や行動様式に関する政治的・社会的な知識の枠組みを与えてくれます。また，作曲家と彼らの思考様式・隠された意味・構想などに関して重要な

示唆を与えてくれます。このような理解や知識がなければ，音楽は単なる聴覚経験に過ぎなくなるでしょう。

ハワイのオリ（詠唱），メレ（歌），フラ（踊り）を教える際には，それぞれの持つ背景を探求します。最初にお見せするこのオリでは，子どもたちはハワイの王制の歴史，特にミリアム・リケリケ王女のことを学びます。この学習はそこで終わるのではなく，子どもたちがイプヘケオレの演奏法を学んだり，オリの言葉の意味を表すジェスチャーを使ったり，カオナと呼ばれる隠された意味について考えていくという形で継続していきます。

② 統合的カリキュラム

音楽をその文化的文脈の中に位置づけると同時に，理解を深め広げるためには学科を横断した関連性を作り出すことも重要です。子どもたちがパフォーミング・アーツ以外に社会，理科，算数，国語などの授業でもハワイ文化を学ぶようにすることで，子どもたちが全ての教科で能力を発揮し，学んだ知識を他分野で活用することで学習がより総体的で成果のあるものとなります。

③ 文化的価値観

文化的価値観においては，子どもたちがどのように行動するべきかを重視していて，ハワイの文化的伝統に則した態度や行動を学習しています。子どもたちが教室に入るときに詠唱するようにしているのは，知識を「贈り物」として捉え，その贈与者を称え学びの場所に敬意を払うという，伝統的なハワイの儀礼に則ったものです。さらに，子どもたちは異なる目的と習慣のオリについても学んでいます。

④ 過去と現在

ある文化の音楽の完全な姿を提示するということは，伝統的なものと新しいものへの考慮とバランスが必要だということです。このような広い視野に欠けると，文化が動的で常に変化していて，過去が現在に影響を及ぼしているという，文化の現実の姿を子どもたちは理解できません。

ハワイのフラの学習では，伝統的様式のカヒコと現代的様式のアウワナの２つの様式を強調しています。カヒコ様式のフラではオリ（詠唱）が主体となっていて，伝統的な衣装，プイリ（竹を割いて作る楽器）やウリウリ（羽根飾りのついたひょうたんの楽器）などの伝統的な楽器を用います。アウワナ様式のフラでは，現代西洋音楽の旋律と和音を使ったメレ（歌）が主体となっていて，現代的な衣装とウクレレやギターなどの現代的な楽器を用います。最初にお見せするのは，カヒコ様式のフラの代表的なもので，火の女神ペレに捧げるものです。この女神の系譜と歴史が踊りの中の動きによって生き生きと描かれ，火と火山の噴火における彼女の力への賞賛が表現されています。彼女の行動は嫉妬に駆られた行状も含めて詳細に物語られ，誰にでも分かりやすい形で，どう振る舞うべきかについてのメッセージを伝えています。次にお見せするのは，アウワナ様式の子どものためのフラの例です。自分たちが未

来のリーダーの役割を担うのだということを子どもたちに意識させると同時に，無邪気に明るく楽しげに音楽を奏でていることで，彼ら自身が私たち全てにとって貴重な贈り物だということを感じさせてくれるものです。

⑤　真正性

真正性を確保するために，楽器，作品と録音の選択，知識が豊富な文化の担い手を招聘するなどの方法を用います。ハワイ文化学習では，子どもたちは伝統的な楽器と現代的な楽器のどちらも学びます。「ホオカニ　オ　ハワイ」というメレを歌うことで，子どもたちは伝統楽器の名前を学んでそれを覚えることができます。それぞれの楽器が紹介される際に，子どもたちはその楽器の簡単な代表的伴奏パターンの演奏の方法を学びます。カヒコやアウワナのフラでも使われることがある楽器ですが，組み合わせて使うよりも通常は単体で使います。また，ウクレレやギターの演奏を学ぶことで，伝統楽器を演奏するだけでなく，より現代的な伴奏スタイルを演奏する機会を子どもたちに与えることができます。1800年代後半に初めて使われるようになった頃からウクレレは主に和音楽器だったのですが，近年ますますソロの役割を担うように進化してきています。ここでお見せする例は，子どもたちが簡単な曲を演奏している様子と，歌やフラの伴奏をしている様子です。

⑥　異文化間比較

ハワイについて深く学ぶと同時に，プナホウの音楽科カリキュラムには，ミクロネシア，メラネシア，ポリネシアなど他の太平洋諸島の文化の学習も含まれています。子どもたちは，歴史，言語，習慣，伝統，楽器，音楽やダンスの様式などにおける類似点について学びます。さらに，それぞれの文化を独自なものとしている微妙な相違点も学びます。

次にお見せする例では，このアパリマと呼ばれるタヒチのジェスチャーダンスなど，さまざまなジェスチャーダンスを学んでいます。他にも，舟を漕いで漁をするときのパラオの歌，サモアで見られるようなボディパーカッションと座ったままのダンス（サーサー）の音楽，フィジーのメケなどのオセアニアの戦士の踊りなどの異なったジャンルの音楽，さらに，このクック諸島の歌に見られるような現代的な生活様式や，パプアニューギニアの現代的なレゲエスタイルの歌なども学んでいます。

4）　結論

伝統音楽の継承とグローバルな観点から音楽を理解することができる教員を育成するという点で，教員養成課程では十分な授業が提供されていません。音楽教員は，自らの文化の伝統的な形式に関する知識と世界の音楽についての知識を持ち，それぞれの文化や文化圏の間の類似点と相違点について説明できなければいけません。

また，文化意識や異文化理解の発達段階としては，次の引用に述べられているような点に注意が向けられるレベルが目指せるようになる必要があります。「世界中の人間社会に見ら

Ⅲ　伝統音楽シンポジウム「学校における伝統音楽の教育」

れる思想や行動の多様性……それらの思想や行動の類似点と相違点……自分の属する社会の思想や行動を異なる視点から眺めるとどう見えるのか」(Hanvey in Bennett, 2007, p. 354)このような教員養成課程の不十分さには，授業時間の不足，初等教育における音楽の役割の低下，この分野の教授法の欠陥，この分野を教育することへの不安など，さまざまな要因があります。多様な集団の価値観や思考法や思想に関する知識とそれを理解するための訓練が教育に携わる者に対して不十分なままでは，異文化間理解を促進しようとする私たちの目標は，その達成の端緒を開くことさえ難しいでしょう。

　伝統音楽を学校で教えることで，子どもたちは自分の文化を理解し，これから先の世代の心に継承していくことが可能になります。子どもたちに自文化の伝統音楽と世界の音楽を教えることは，歴史的・政治的・思想的・環境的なさまざまな状況に私たちが適応してきたことで社会的文化的システムが発達してきたのだということを，子どもたちが認識するのに役立ちます。音楽は，本質的に社会的・個人的・文化的・政治的ですが，今の時代の社会的課題について批判的・分析的・想像的に考える力の発達を支援するものでもあり，自分の周りに存在する他者と自分自身に対しての子どもたちの知識を深め理解を広げるのに役立つものでもあります。(訳　坂本示洋)

【参考】
◇ハワイの公立学校での「クプナ・プログラム」
　1981年ハワイ州の教育省は，ハワイの伝統文化の教育のための「クプナ・プログラム」を制定した。ハワイのすべての学校で，幼稚園から6年生まで各学年，週に最低1時間はとることになっている。そこでは政治的・社会的構造，ジェンダー，衣食住等を学習し，唱え歌（オリ）やダンス（フラ）も伝統的な口伝の方法で学習する。

◇プナホウスクールでのハワイ学習プログラム
　プナホウスクールは私学であるが，「クプナ・プログラム」に相当するカリキュラムを自分たちで始めた学校である。それは公立でやっているものより大規模で深いものである。ハワイ語教師，フラや唱え歌の専門家音楽，視覚芸術，ドラマの各専門家とともにするレッスン，塩の湖，歴史的遺物への遠足，ハワイの植物を育て，マットを編む，伝統料理をつくる等という内容である。

【質疑】
小島　「いろいろな文化の文脈とかかわらせて伝統音楽を扱っているということですが，音楽科と他教科との関係はどうなっているのでしょう。」
ドロッヅ「基本的には，ハワイの歌やオリは，もともとハワイの価値観や生活が含まれて

いるので，他教科との関連はつくりやすい状況となっています。そして，ハワイの場合はハワイ単体というより，他との比較対照，近隣のメラネシアとかのものと比較しながらやるのでその際に歴史とかそういった他教科が関連でからんでくるので，自然と他教科がかかわり総合的に教えることになります。そして，多文化を学ぶことを重視しているので，自分たちとの共通性や異なるところを見て，自分たちの文化の価値と同じように世界全体の文化に対して尊敬の念を抱くということを重視しています。」

参加者　「私も，民族音楽を研究しており，教育大学におりますので，先生のお話は大変参考になりました。同じような問題意識をもつ者としてうかがいたいのですが。先ほどいろいろな国の歌を歌っていらした。まず，自分の母語ではない歌を教えるときに，日本ではよく日本語に訳して教えますが，先生はどうしていらっしゃるのでしょう。」

ドロッヅ　「歌うときには必ずもともとの言語で歌います。ただしその前に，どういう状態で，どういうときに歌われたのか，どういう気持ちで歌われたのか，背景の話を必ずします。もちろん歌詞の言葉の意味は英語で教えます。ただ，歌うときは必ず原語です。」

参加者　「先生は全部お手本を示していらっしゃいましたが，そうすると教師はいろんな言語で現地の人たちと同じように歌えないといけないということになりますよね。教員養成はどうなっているのでしょうか。」

ドロッヅ　「教師は，子どもたちの模倣の対象となるレベルで原語で歌えるべきと思っています。私は，それぞれの地域に行って，実際にその場所で学んで，それをビデオに撮って帰り，それを見て勉強します。子どもたちにとっては，太平洋諸島の歌であれば言語は似ているのでとくに問題はありません。教師は歌の発音はしっかりしているべきだと考えているので，現在そういったワークショップを5年間ほどやっていますが，だんだん広まっていっています。教員養成の学生にも，いろんな言語の歌を原語で歌えるようにという動きにしていっています。」

(3) 箏演奏における伝統と創造

吉村七重（箏演奏家）

【プロフィール】　従来の伝統的な古典箏曲（そうきょく），十三絃箏の演奏と同時に，1971以後新しい表現を求めて二十絃箏を手掛ける。多くの作曲家の協力を得て新たな可能性を拓く二十絃箏の世界を展開，新作初演は１００曲を数える。現代音楽祭他海外からの招聘も多く，日本を代表する箏演奏家としてリサイタルのほかに日本文化の紹介，国際交流に大きく貢献している。平成21年度芸術選奨文部科学大臣賞，第19回朝日現代音楽賞受賞。92年文化庁芸術祭賞，93年第三回出光音楽賞，94年日本伝統文化振興賞等多数受賞。平成24年度春の褒章で紫綬褒章。

箏の伝統と現代ということで演奏を交えてお話ししたいと思います。先ほど石田さんや吉

田さんがお話の中で整理してくださっているので，それにつけくわえてという形になります。

　伝統的な十三絃箏は 13 本の糸を持ち，五音音階で 2 オクターブとちょっとでできています。主に大正・昭和の時代には宮城道雄（生田流）と中能島欣一（山田流）という 2 大巨匠が活躍されました。現代の音楽につながっていくものとして江戸時代以降はそのお二人の作品が主に五音音階を発展させる形で演奏されてきました。

　その後，1969 年に作曲家の三木稔氏と箏演奏家の野坂恵子氏により二十絃箏がつくられ，革新的な技術開発と音の広がりが提供されました。

　始めに五音音階の発展形として松村禎三氏（1926 ～ 2007）の箏のための作品を聴いていただきます。この作品は古典を尊重してそれに寄り添う形で作曲された作品で，曲名は《詩曲》，ポエムです。この楽器はさっき生徒が弾いていたものを拝借しました。

　──　《詩曲》（1969）十三絃箏の演奏　──

　今の作品は，もともとは尺八との二重奏で，箏ソロ，尺八ソロ，箏ソロ，尺八ソロ，があってから二重奏に移っていきます。とても古典の薫り高い，高雅な雰囲気があります。

　次に二十絃箏の話を少しいたします。

　二十絃箏がつくられたのは 1969 年です。なぜつくられたのかといいますと，十三絃箏は，均一な音色をいかにきれいに出すかということが一番大切なことでした。ところが現代人が作曲や演奏をするのに，もう少し人間の自然な息吹といいますか感情を素直に表現したいという欲求が出てきました。

　日本の音楽には感情を直接的に表現するのはあまりいいことではないという伝統的な考えがありました。感情はさっき石田さんがおっしゃったように歌にこめて，演奏の方は控えめに弾くという伝統ですが，現代では器楽そのもので何かを表現していきたい作曲家や演奏家が，こういう 21 本の絃を持つ二十絃箏をつくりました。

　箏といいますのは次の絃に当てて止めて弾くのが基本の弾き方なのですね。で，三木稔さんが最初につくられた作品はこういう（実演）スクイ爪が多く使われるもので，それが一番外側の絃ですとこういう（実演）止め糸がないのできちんと音が出せませんでした。それでもう 1 本外側に糸を足したわけです。日本の伝統的な箏の場合，必ず一の糸はこちら側に向かって使うもので（手前に弾く）こういう風には（向こうに押す）使わないので，二十絃箏も同じように最後に止め絃をつくったわけです。それで二十絃箏は 21 本になっています。

　箏の現代音楽に関しては 2 つの大きな視点があったと思うんですが。

　1 つは伝統を十分に理解しいろいろ研究して古典に寄り添う形で作っていく視点。

　もう 1 つはむしろ伝統には縛られずに，なんとかそこから自由に自分の発想で曲をつくり，楽器の機能を研究して音響体としての楽器の使用法を考えていく。最初に演奏しました《七

重》（1988）という曲はどちらかといえば，箏をいかに響かせるかということに重点を置いています。

それでこれから演奏するのは，もう1人，先ほどの西村朗氏（1953〜）と並んで佐藤總明氏（1947〜）という日本を代表する作曲家の作品です。どちらかというと精神性に重点を置いて，日本のスピリットを表そうと考えていらっしゃいます。今から《悲の曲》という爪を使わないで指だけで弾く作品を演奏します。彼は日本で，世界でもそうかもしれませんが，音符単価の高い作曲家といわれていまして（笑い），ゆったりとした非常に静かな作品です。

―― 《悲の曲》（1996）演奏 ――

それで，この作曲家たちは1950年あたりのお生まれの方々です。そのおよそ10年後の作曲家のアプローチの仕方をご紹介したいと思います。

現代音楽の一番盛んなころは，（柱の左側をじゃらんとなでて）調絃のされていない無調音の世界ですね。爪を使って箏の右側端をなでるとか。いろいろ駆使して，こうやってたたいたりとか（複数の絃を手のひらでたたく），さっき子どもたちが一番最初に出してみる音という映像をやっていましたが，ああいう感じの音が譜面につくられているという音楽がありました。最近はわりに整理されて美しい音が増えてきました。

そして，箏の一番大きな特徴は柱を動かして自由にチューニングをすることができる，それから糸の余韻を押して揺らしたり，弾いたあとの音を変化させることができるという点です。

つぎに演奏する曲は《深山の鳥》という題名なのですが，箏の自由にチューニングできる特徴を活かして微分音を調絃に入れています。

聞き慣れない音なので難しく聴こえてしまうかもしれませんが，単に自分が森林にいて鳥の声をきいて癒されるというように聴くことができます。これから微分音を調絃しますので見ていてください。たとえばレがありましたらレから4分の1上げる，それからレのシャープからもう4分の1上げる，そうすると結局そこは半音になります。それを何箇所かつくる（調絃した糸をカラリンで鳴らす）。はじめは私も難しいかなと思ったのですが，実際に弾いてみて音源をボーと聴いていると，何かヒーリングミュージックのように聴こえてきました。

―― 《深山の鳥》（2011）演奏 ――

伊藤裕之氏（1963〜）日大芸術学部の教授の方の作品です。

もう1つ，やはり伊藤さんより少し若いですか，木下正道氏（1969〜）の作品を演奏します。さっき石田さんがおっしゃったように，歌を伴う音楽というのが日本の音楽では大事だったのですが，そのことにずっとこだわっていらっしゃったのが，湯浅譲二先生（1929〜）です。現在80歳ちょっと過ぎていらっしゃいますが，蕪村や芭蕉の俳句にも関心をお持ちで西洋

楽器のための音楽でもそういう作品を多く書いていらっしゃいます。

実際に箏のためには，私の委嘱した作品で二十絃箏と歌のための《箏歌・蕪村五句》があり，もう１つ十三絃箏と歌のためには《箏歌・芭蕉五句》があります。

細川俊夫氏（1955〜）も何曲か書いていらっしゃいます。細川さんのやってらっしゃる武生音楽祭，そこに参加した若い人たちの中で日本の楽器や声のための作品を書いてみようと考える方が出まして，そのお１人が木下正道さん。私が初演した，宮沢賢治の詩「石をつむ」を使って書いた木下さんの作品がとても好きなので，その冒頭の部分を演奏します。

木下さんの場合は箏演奏のもう１つの音の特徴である雑音ですね，絃を横に擦って出す，それからこうやったり（絃を横に擦って響かせる実演），さっき子どもたちもやってましたね。こういういろんな音を使うということを試みていらっしゃいます。

──　《石をつむ》（2010）の演奏　──

たぶん普通の箏の曲に関してはみなさんもよくご存じだと思いますし，現代の作品にしてもときどき耳にすることもおありになると思ったので，今回ははっきり違うアプローチをしている作品を演奏してみました。

【質疑】

小島　「箏という楽器が時代とともにこんなにも多様な表現となってきたんだなとびっくりさせられたんですが，そういう風になってきたという源っていうかエネルギーの源はその表現したいものが広がってきたというか多様化してきたという，そういうことなんでしょうか。」

吉村　「そうですね，昔の伝統楽器としての箏の世界というのは，演奏家でもかなり窮屈に感じる人もいるでしょう。作曲家側からすると音域の制約や表現の幅の制約がすごく大きかったので，現代において広がりを持つ必然性があったのだと思います。それで，そういう試みを聴いてくれる観客，外側からもアプローチをしてくれる人間が増えてきたということだと思います。」

(4)　全体質疑

小島　「21世紀の学校での音楽教育がどんな方向性をもっていくかという点，今日みなさま参加されてこういう方向に進んでいったらよいのではという何かお考えになったこと，思いつかれたことで結構ですので方向性を出していただけたらありがたいです。」

吉田　「さっきハワイのお話を聞いて思ったのですが，フラのフェスティバルがあってハワイのミスフラの方にインタビューしたことがありました。もちろんミスフラは美しい方なのですが，ミスフラになるにはいろいろなハワイのフラにかかわる言語，踊りも含め

てこれが基本的にできないとなれない，つまりフラというものが人間教育の原点として小学校から教えられていて，幼いころから歴史を，大変な歴史があるわけですが，歴史にともなってフラも発展し，いろいろなバリエーションができてきて，そういう意味で，フラを学ぶことによって歴史の勉強をする，人間の勉強をする，違う価値観のひとを理解するということをまず理解して，それを前提としてミスフラはハワイの文化をみなさんにプロモートしていく仕事なんだよといわれ，ハワイは深いな，そういう基礎的な教育があってこそなんだと思った次第です。

　音楽が音楽として切り離されているという感覚は近代的なもので，実はバッハの曲はほとんどスペインとか南米とかの舞曲のリズムをもとにしたものを使っていますし，能楽も舞かうたかとわけるのではなく，両方しないと成立しない。言葉とダンスって日本人は分けたくなるんですが，踊りと言葉は同じ所から出てくるというのがフラのもともとの精神で，なので，身体性として，人間として育っていくときの音楽として考えたときに今日の話はうらやましいというか理想的な感じも致しました。音楽を音楽として勉強し，表現するというのはもちろん高度な素晴らしいことなのですが，人間として理解し合うための音楽教育という意味では，踊り，言語，さまざまなものに行く扉として音楽があるべきなんだろうなと今日，改めて思ってお話を刺激的に聞かせていただきました。」

ドロッヅ　「ハワイはいろいろな文化の背景をもっているものが一緒に住んでいるからこそ，多民族の状態だからこそ，おっしゃったようなことがあるということを付け加えたいです。それから大変ありがとうございます。」

小島　「では，時間も押してまいりましたので，登壇者の方から，今後の伝統音楽教育の方向性についてお話をうかがいたいと思います。」

クォン　「今まで100年西洋音楽中心できました。この30年で伝統音楽が大きく入ってきました。また20年くらい前からは，いろいろな国から韓国に移住する人たちが多くなってきました。外国の人たちは150万人になっています。多文化教育の必要性が高まっています。韓国では西洋音楽，国楽，多文化の音楽を扱うことになります。そこで教師の養成が必要だと思います。その点で日本と同じ問題を抱えていると思います。お互いに良い点を取り入れていきたいです。」

ドロッヅ　「若い人が伝統音楽に興味を持ってくれないという問題があります。どうしても若い人はポップスとかが好きで，若い人たちで影響し合うのでポップスが広まっていきます。問題解決としては，一番に，世界の音楽を小さいときから紹介していくということです。世界の音楽を聞かせた後にその中でこれが私たちなんだということを早いうちからやること，つまり音楽の特徴を世界のなかで考えることが1つ，あとハワイアンも，言葉もなくなりそうになったときにハワイアン・ルネッサンスという運動で蘇っ

Ⅲ　伝統音楽シンポジウム「学校における伝統音楽の教育」

　　　てきているのですが，それに 30 年くらいかかっています。最初は若者も小さな子ども
　　　も伝統音楽なんか聞きたくないという状態でした。ハワイ語が少し入っているポピュ
　　　ラー・ミュージックから始めていって，徐々に馴らしていって 30 年くらいかかって，
　　　今は 40 年やっとハワイの伝統文化が普及している状態になっています。いろんな国で，
　　　グアムでもグアムの文化がほとんどなくなってしまってどうすればよいのかという問題
　　　があります。とにかくし続けること，子どもたちに伝統音楽に触れる機会を与え続け
　　　ること，これが一番大事だと思います。そういった伝統音楽を継承していく際に，他の音
　　　楽と融合したり借り入れたりいろいろ混ざっていくリスクを恐れずに，とにかく自由と
　　　創造性を保ってやっていくこと，そうすればきっと今聴いた吉村さんの箏の演奏のよう
　　　に新しい伝統音楽というものが出てきて，それがきっと誰かに届くようなものとなるの
　　　で，あきらめずにずっと続ける，自由と創造性を保ち続けるということが大事だと思い
　　　ます。」

吉村　「韓国とハワイを見せていただいて，一番問題となっているのが指導者をどうするか
　　　という問題かと思います。冷凍庫に入った昔のものをそのまま使うのではなく，新しい
　　　形で，スピリットさえ残っていれば形はあまりこだわらずにやっていくということはと
　　　てもよいことだと思いますし，私もそういうふうに教えていきたいと思っています。」

小島　「基調講演から最後までずっと聞いていてくださった吉田先生と石田先生に総括をと
　　　最初，お話ししていました。先ほど吉田先生からはコメントをいただきましたので，石
　　　田先生，よろしくお願いします。」

石田　「じつに充実した内容，それから顔ぶれもそうですね，とても貴重な機会をいただき
　　　ました。とくに僕は韓国との作曲界の交流を長くやっていまして，それこそ七重さんと
　　　一緒に，まだ日本文化がソウルで公演ができないとき，日本の現代音楽の 1 つとして
　　　七重さんのお箏の現代曲をしたことがあります。当時，大使館の中の文化院しか上演が
　　　なかったです。国学院の建物が最初にできたころです。文化の方向が離れていった状況
　　　があって，その中で自らを取り戻すことをまず音楽から取り組んだということが僕には
　　　感じられました。

　　　　そういうことでいえば，ハワイは民族音楽学の研究のメッカですね。世界から研究の
　　　方法あるいは成果を集めた開かれたところで，同時に，開かれた状況自体がハワイの 1
　　　つの文化をつくった，そういう性格をもっています。

　　　　ですから，ある意味で日本の，我々の指針になるようなものをそれぞれ違った形でお
　　　もちいただいたと思います。そして生徒さんの演奏がありました。これが一番のおどろ
　　　きでした。こういう子どもたちが積極的に伝統音楽あるいは音楽全体ですね，パフォー
　　　ミング・アーツとしての芸能という全体の表現，この世界を，仕事でなくても常に関心
　　　を持ち，そういうものを支えてくれるような人に育ってくださるといいなと思います。

とてもいい体験をさせていただきました。ありがとうございます。」
小島 「石田先生，ありがとうございました。とても大きな視点からのお話でした。では，最後に，これを企画した責任ということで，これからの方向性ということで，今回のシンポジウムで刺激を受けましたので話させていただきたいと思います。」

(5) 総括

　伝統音楽を学校で学ぶということは，音楽というものの捉え方を大きく2つの点で見直させてくれるということを思いました。

　1つは，音楽というと，つい鳴り響く音響として聴いてしまうけれど，鳴り響く音響の土壌には，私たちの生活や社会があり，そこから生み出された芸術文化や思想があるということです。

　伝統音楽の場合，その土壌の片鱗が，自分たちが暮らしている生活のあちこちにあるわけで，そういう豊かな土壌とつながったところで音楽に接していけるのです。そういう姿勢で学習に取り組むと，伝統音楽が好きだ嫌いだという趣味の問題ではなくなります。それはとりもなおさず，自分のルーツの開拓であり，アイデンティティの開拓になります。

　もう1つは，音楽自体を捉える枠組みを考え直すということです。

　西洋音楽と伝統音楽という2つを分断して捉えるのではなく，西洋音楽，自国の伝統音楽，近隣諸国の伝統音楽というように，人々が住んでいるところにはそれぞれそこに住んでいる人の音楽があるという考え方をすることが大事なのではないでしょうか。人間にとっての音楽という普遍的な次元と，それぞれの地域にはそれぞれの文化があり音楽があるという相対化の次元から音楽を捉えることが必要になってきます。

　そのような捉え方をすれば，近隣の伝統音楽に通じるものもあれば異なっているものもある，と比較することで自国の伝統音楽の特性もより明瞭になってくるでしょう。音楽を深く知ることになり，それぞれの音楽に対する敬意というものも養われてきます。

　グローバル化が進む21世紀では，人が生きる上で，自己のアイデンティティを見失わないようにということと，広い世界的な視野をもつということ，この一見相反する課題の両立が必須となってくると思われます。グローバル社会においての自己のアイデンティティは伝統の中にしかよりどころはないと思われます。それに答えるものとしてこれからの伝統音楽の教育を考えていくことが必要ではないでしょうか。

IV

課題と展望

1　プログラム開発の成果と課題

(1)　わらべうたが箏(こと)と結びついて生まれる新しい教材性

　日本伝統音楽の源としてのわらべうたの教材性については，音楽学者小泉文夫が今から30年も前に指摘していました。わらべうたの備える音階やリズムは子どもの自己表現の基礎になるともいっています[1]。また，箏についても，音程を自在につくれるので平均律をとらない日本の音階を学ぶのに有効だともいっています。しかし，現実には30年たっても，わらべうたや箏による教育は世の中にほとんど普及しなかったといってよいでしょう。

　今回，本プログラムでは箏とわらべうたがコラボレーションすることにより，小泉が提唱したことがある程度実証できたのではないかと思います。それは，わらべうたが箏と結びついたことにより，子どもが音楽で自己表現できるようになるということです。子どもは箏を探り，楽譜無しでわらべうたを弾くことができます。そうするとその変形やつけ加えなど自分で発想を出してきます。前奏や後奏も即興的に創作できます。そこに和の打楽器を加え，こうして合奏をつくっていくことが可能となります。

　つまり，わらべうたと箏が関係づけられることで，両者とも子どもにとって表現の自在な材料になるということです。子どもの内的世界に根をもつわらべうたに外的世界にある箏を関係づけることで，両者が連動して働き，そのことで子どもの内的世界が形づくられてくるということではないでしょうか。

　今後，わらべうたの発展として，郷土の音楽を発掘し教材化することが課題となってくると考えており，現在進めているところです。

(2)　プログラムの指導内容の系統性の検証

　指導内容としての音楽の構成要素は単独で存在するのではなく，当然，音楽のなかでさまざまな要素と結びついています。合奏するという行為のなかでその結びつきが見えてきました。たとえば，「竹の奏法と音色」「リズムパターン」「旋律とリズムパターンの重なり」「主旋律と副旋律とリズムパターンの重なり」という具合です。具体的には，まず，竹の音探究をして奏法と音色を知覚・感受します。さまざまな奏法と音色から，いくつか組み合わせてリズムパターンをつくります。同じリズムパターンで鳴らしても奏法や音色によって感じが変わること，あるいはリズムパターンを変えると同じ奏法や音色をつかっていても感じが変わることを知覚・感受して理解します。リズムパターンをつくるとそれをふしに重ねてみます。そこに新しい響きや動きが生まれます。そこに別のふしをオスティナートで重ねるとま

た別の響きや動きが生まれます。これが音楽の生成ということですが，このように，子どもが音を合わせていくという行為の道筋で，指導内容の系統性が考えられ，そして系統性を実践によって検証することができました。

(3) 領域に分けられない包括的な学習の可能性

当初，和楽器合奏は器楽分野の学習として捉えていたのですが，子どもの音楽的経験の発展を考慮していくと，器楽だけでなく創作も含めた包括的な学習の可能性が示されてきました。たとえば，わらべうた《あそぼ，いいよ》が問いと答えの構成原理からできていることを学習すると，その続きの会話を即興的に口にしながら箏で音を確かめてふしをつくるようになります。

つくる活動が入ると，共通あるいは類似の課題を扱っている楽曲を参考として聴く活動を入れることも考えられます。《うさぎ》のときは，前奏・後奏をつくるという自分たちの問題の解決の手がかりを得るために，うたに箏がついた湯浅譲二作曲《箏歌・蕪村五句》の吉村七重さんの演奏を聴きました。

つくるために活動の途中で聴くということもありますし，つくってから自分たちの取り組んだ課題とのつながりで楽曲として鑑賞するということもありえます。となると，このプログラムに連結させる鑑賞のプログラムを開発することが課題となってきます。自分たちの表現行為とかかわるところで，芸術的な作品や演奏を鑑賞する機会をもつならば，深い鑑賞が可能となると考えられます。

2　授業論としての伝統音楽教育

学校で伝統音楽をするというとき，指導者がいないという話がよく出ます。これは授業とは，専門知識や技能を持った人が子どもに知識や技能を伝授するものだという旧来の授業観からきていると考えられます。学校で箏を学習するということは，子どもが箏で曲が演奏できるようにしてやることだという先入観からくるものです。昨今話題にあがっている小学校英語の授業についても同様です。英語が教科になるなら，町の英語教室から先生を呼んできたらよいのではという話が出ています。授業というものを，さまざまな子どもが互いにかかわり合うことを通じて，各自の対象への取り組みを広げ深めていく場として考えないと，学校教育の存在意義はなくなるのではないでしょうか。

学校教育では，だれもが箏を達者に弾けるようにすることが直接の目的となるのではなく，箏にかかわることを通じて，自分のもっている音楽的感性を発揮したり，友だちと音のコミュニケーションの多様なかたちを経験したり，音楽のさまざまな構成要素の働きを知覚・感受

したり，友だちの音楽に対する感じ方に共感したり，知っているうたを箏で弾けることの喜びを味わったりすること，つまり，和楽器とかかわることでしか獲得できない概念やイメージや技能を形成することを通して，社会の中で人間として育っていく力を養うことが目的となるのでしょう。

2014年の伝統音楽教育のシンポジウムでは，学校で伝統音楽をすることの意義の一つとして，総合的であるということが出ました。総合的ということはいろいろな意味合いで言えます。わらべうたを箏で弾くことから，こんなこともできる，あんなこともできると拡がりをつくっていくという，上に述べた「領域に分けられない包括的な学習」ということがあります。器楽だけでなく，日本の伝統音楽の特徴であるうたに広げていくことも考えられます。言葉をうたい，うたにのせて踊りを踊るということもあります。

教科を越えた単元の連結という総合性もあります。国語で俳句を学習したら，それにふしをつけるということもあります。たとえば先述の吉村七重さんが演奏したような，箏を弾きながら俳句をうたうという音楽活動が考えられます。

地域文化の芸能となると，地域の風土，産業，歴史と芸能の土壌は拡がり，そのうえで地域芸能を扱うことが求められてきます。地域芸能の伝承者が学校に来て子どもたちと交流するというように，学校が地域と連携して教育を行うこともありえます。

このように，学校で伝統音楽をすることで拡がりをもった総合的な教育が可能となるという面が見えてきました。

さらに，これからのグローバルな社会では，日本の伝統音楽を特別なものと見なさないで，地球上のさまざまな音楽の一つという相対的な見方も一方に必要だということもシンポジウムでは指摘されました。伝統音楽と西洋音楽という対立軸で捉えるのではなく，世界の音楽の中では自分の国の音楽はこう位置づく，という見方が求められるでしょう。それは文化的アイデンティティ形成に結びつく見方になります。

いずれにせよ，考えたことは，教育ではことばや文章としてとどめておくのではなく，授業実践として具体化していかなければ意味がありません。そのために実践可能なプログラムが必要となります。これまでこのようなプログラムはありませんでした。本プログラムは音楽科としての学力育成のために学校で和楽器を9年間継続してやっていくという試みの第一歩です。本プログラムを一般化しながら，上に指摘した点を組み入れて再構成していくことがこれからの方向となるでしょう。それはカリキュラム構成を視野に入れた研究となると思っています。

注
1) 小泉文夫（1986）『子どもの遊びとうた』草思社, p.211。

付録

○プログラム集

○教材曲の数字譜

※本書「Ⅱ 和楽器合奏プログラムと解説」で紹介したプログラム全体を俯瞰できるよう,一括して掲載いたします。また,プログラム内で使用した教材曲の数字譜もご参考までに掲載いたします。

プログラム集

プログラム I　小学校低学年（1・2学年）

プログラム I − 1 − 1　箏（こと）のいろいろな音色を探究する

「おことのいろいろな音色を見つけよう」（1時間）

準備	○柱（じ）は13絃（げん）すべて立てておく。 ○爪（つめ）無し ○10面（めん）ずつ向かい合わせ。手が見えるように。	
指導内容	楽器の音色【箏のいろいろな音色】（箏の仕組み）	
単元構成	経験	○爪を付けずに自由に箏を触り，音探究をする。 ○見つけた音を発表し，交流する。
	分析	○子どもが見つけた音色から教師が2つを選び，音色の比較聴取をする。聴いた音を擬音語で言う。 ○擬音語で表しているものが「音色」だと知る。
	再経験	○再度，音探究をし，自分の好きな音色や鳴らし方を見つける。
	評価	○見つけた音色について気付いたこと，感じたことを発表して交流する。 ○各自，自分のお気に入りの音を紹介する文章をアセスメントシートに記述する。
備考		

プログラム I − 1 − 2　箏のいろいろな音色を探究して音楽づくりをする

「音色を生かしておことの音楽をつくろう」（3時間）

準備	○柱は絃3本（五六七＝ミソラ）に立てておく。 ○爪無し ○10面ずつ向かい合わせ。手が見えるように。	
指導内容	楽器の音色【箏のいろいろな音色】	
単元構成	経験	○爪をつけずに自由に箏を触り，音探究をする。
	分析	○自分の好きな音色や鳴らし方を擬音語を使って発表し，音色からもつ

付　録

		イメージを交流する。 ○擬音語で表しているものが「音色」だと知る。
	再経験	○イメージにあうよう音の組み合わせ方を工夫する。
	評価	○つくった音楽を発表して交流する。 ○各自つくった音楽を紹介する文章をアセスメントシートに記述する。
備考		

プログラム1-2　ピッチカートでうたに伴奏を付ける

「拍にのってうたにおことで伴奏しよう」（1時間）

準備		○絃2本（一二＝ミラ）に柱を立てておく。（絃1本，二＝ラでもよい。） ○爪無し（以降，つけてもよいが親指のみ） ○10面ずつ向かい合わせ。手が見えるように。
指導内容		リズム【拍】，テクスチュア【主旋律とピッチカート伴奏】
単元構成	経験	○わらべうた《いもむしごろごろ》（ララソソ／ラララ）をうたいながら，遊んでいたときの足の踏み方のように，手で膝を打つ。 ○そこに，教師が箏でピッチカートの伴奏（2音を交互に。二一，二一）を入れる。 ○ペアの1人がうたい，もう1人が箏のピッチカート奏法で伴奏を付ける。
	分析	○伴奏有りと無しを比較聴取して，ピッチカート伴奏の表現効果を知る。
	再経験	○ペアでお互いに伴奏を付けてうたえるようにする。
	評価	○ペアのリレー奏で発表していく。〔ふし＋ピッチカート伴奏の合奏〕 ○伴奏有無の比較聴取のアセスメントシートで学習の確認をする。
備考		・《いもむしごろごろ》は朝の会などで遊んでおく。他に《たこたこあがれ》も教材曲となる。

プログラム1-3　2音（高低）のわらべうたのふしを弾く

「高い音と低い音を意識してわらべうたを弾こう」（2時間）

準備	○絃1本（七＝ラ）に柱を立てておく。

91

		○爪無し
		○10面ずつ向かい合わせ。手が見えるように。
指導内容		旋律【高低】
単元構成	経験	○わらべうた《だるまさんがころんだ》（ララララ／ラソラ）をうたいながら，拍に合わせて手で膝を打つ。（膝打ち，手打ちを交互に。） ○ペアで協力して1本だけで《だるまさんがころんだ》を弾いてみる。 ○柱1本では《だるまさんがころんだ》が弾けないと気付く。 ○ペアでうたいながら，《だるまさんがころんだ》が弾けるように六＝ソの柱の場所を探して立てる。
	分析	○七だけで「七七七七／七七七」進むふしと「七七七七／七六七」のふしと比較聴取して，ふしに高低があることを知る。 ○丸が上下する図譜を見ながら，うでで高低を付けながら「だるまさんが～」とうたう。 ○箏の絃の並びをみながら「七七七七／七六七」と言いながらうたう。（ここで「七七七七　七六七」と書いた縦譜を示してもよい。）
	再経験	○ペアで聴き合って，2人とも《だるまさんがころんだ》が弾けるように練習する。
	評価	○リレー奏で1列ごと発表していく。（拍がとぎれないように。） ○発表のときに教師が打楽器（ささら，うちわ太鼓，拍子木等）を入れて合奏してやる。（慣れてきたら子どもにその役をわたす。）〔うた＋打楽器＋旋律の合奏〕 ○高低の有無（等拍のもの）の比較聴取のアセスメントシートで学習の確認をする。
備考		・ＤＶＤでは全く柱の無い状態からやっているが，七六の2つの柱を立てた状態から始めてもよい。七の柱は最初に音高を定めて置いておき，七は動かさないように言って，適当に立てた六の柱を適切な位置に動かさせることもできる。 ・2時間単元では，他の2音のうた《一番星みつけた》《おせんべやけたかな》《あした天気になーれ》《たこたこあがれ》で応用ができる。

プログラムⅠ-4　2音で問答を即興創作する

「おことの2つの音でおはなしをしよう」（3時間）

準備	○絃1本（七＝ラ）あるいは絃2本（六七＝ソラ）に柱を立てておく ○爪無し

指導内容		○10面ずつ向かい合わせ。手が見えるように。
指導内容		構成原理【問いと答え】
単元構成	経験	○わらべうた《あそぼ，いいよ》(ラソラ/ラソラ)をうたい，何で遊びたいか発言する。 ○《あそぼ》を教師が弾き，真似をして子どもも弾いてみる。 ○「あそぼ」「いいよ」の役割を分けて交互に問いと答えで弾く。
	分析	○問いと答えを2人で分けもつ《あそぼ》「あそぼ，いいよ，なーにする，おにごっこ，たのしそう，そうね」と，問いのみ1人で弾く《あそぼ》「あそぼ(空白)なーにする(空白)たのしそう(空白)」を比較聴取し，問いと答えという構成原理を知覚・感受し，理解する。
	再経験	○ペアで箏を使って《あそぼ》の問いと答えの続きの歌詞をつくって弾く。
	評価	○リレー奏で1列ペアごと発表していく。 ○問いと答えの有無の比較聴取のアセスメントシートで学習の確認をする。
備考		・他に《あした天気になーれ》《だるまさんがころんだ》も教材曲となる。

プログラムⅡ　小学校中学年（3・4学年）

プログラムⅡ-1　爪をつけて2つの音で基本奏法をする

「爪をつけて，おことの音色を意識してわらべうたを弾こう」（2時間）

準備		○絃2本（六七＝ソラ），七は合わせて，他1本はおおまかに柱を立てておく。 ○爪有り（親指のみ） ○10面ずつ向かい合わせ。手が見えるように。
指導内容		箏の奏法と音色【「しっかり弾き」と「ひっかけ弾き」】
調絃		プログラムⅠ-3で行ったように，爪無しでおおまかに柱を立ててある2音の音階（六七＝ソラ）を《だるまさんがころんだ》（ララララ/ラソラ）の最初のフレーズをうたいながらペアで調絃する。 教師は柱の動かし方を知らせておく。うたは七＝ラから始まるので，七は動かさないことを言っておく。
単元構成	経験	○爪のつけ方と「しっかり弾き」の弾き方を知る。（「自分の爪と反対側（指の腹側）に爪をつけてあげる」「手をテントの形にして，絃の手前から向こうへ爪で押す」）

		○ペアで交代しながら，爪をつけて2音の《だるまさんがころんだ》を弾けるようにする。
	分析	○「しっかり弾き」と「ひっかけ弾き」の音色を比較聴取し，「しっかり弾き」の音色のイメージをもつ。
	再経験	○しっかり弾きで《だるまさんがころんだ》が弾けるようにする。
	評価	○リレー奏で発表する。 ○合奏にする。リレー奏のとき，教師が箏や打楽器でオスティナートを入れる。のち子どもにその役を渡す。 〔箏の旋律＋打楽器のリズム・オスティナートの合奏〕 「だるまさんがころんだ（ラララララ／ラソラ）」＋「♩♫♩ウン」（ささら，ギロ，拍子木などで） 〔箏の旋律＋箏の旋律オスティナートの合奏〕 「だるまさんがころんだ（ラララララ／ラソラ）」＋4度下「五五五五／五四五（ミミミミ／ミレミ）」あるいは「五－五－／五四五」（ミーミー／ミレミ）をオスティナートとして繰り返す。あるいは，そこにピッチカート（一，二）を入れる。 ○同一曲の「しっかり弾き」と「ひっかけ弾き」の比較聴取のアセスメントシートで学習の確認をする。
備考		・他の教材曲《一番星見つけた》《たこたこあがれ》など2音でできた曲でもよい。

プログラムⅡ-2　3音のわらべうたのふしを弾く

「3音の音の動きを意識してわらべうたを弾こう」（2時間）

準備		○絃3本（六七八＝ソラシ）に柱をおおまかに立てておく。七は調絃しておく。 ○爪有り（親指） ○10面ずつ向かい合わせ。手が見えるように。
指導内容		旋律【3音の音階】（【核音】）
調絃		（爪無しで）柱をおおまかに立ててある3音の音階（六七八＝ソラシ）を，《なべなべそこぬけ》をうたいながらペアで調絃する。 教師は，うたは七から始まるので，七は動かさないことを言っておく。
単元構成	経験	○《なべなべそこぬけ》の音探しをし，爪をつけて「しっかり弾き」で弾けるように練習する。（ラソラソ／ラララ／ラララシ／ラソラ，リズムは単純化する。）

	分析	○《なべなべそこぬけ》の絃を確認し，3音の音階であることを知る。 ○《なべなべそこぬけ》の最後の音が七絃のときと八絃や六絃のときと比較聴取し，最後の音の七絃が音階の中でも大事な音「核音」になることを知る。
	再経験	○《なべなべそこぬけ》をしっかり弾きで弾けるように練習する。
	評価	○リレー奏発表で「底がぬけたら」で上がるという音の進行を意識して弾いているか見る。 ○教師は一，二絃でピッチカートの伴奏を付ける。あるいは，ささらやギロを付ける。 〔箏の旋律＋箏のピッチカート伴奏＋打楽器の合奏〕 ○同一曲の核音の適切・不適切な比較聴取のアセスメントシートで学習の確認をする。
備考		・他の教材曲《大波小波》

プログラムⅡ-3　旋律にオスティナートを重ねる

「オスティナートの重なりを意識してわらべうたを弾こう」（2時間）

準備		○絃4本（五六七八＝ミソラシ）に柱をおおまかに立てておく。七は調絃しておく。オスティナート用に高音域（十為＝ミラ）の柱を立て調絃しておく（為は12番目の絃）。 ○爪有り（親指） ○10面ずつ向かい合わせ。手が見えるように。
指導内容		テクスチュア【旋律とオスティナートの重なり】
調絃		（爪無しで）おおまかに柱を立ててある4音の音階（五六七八＝ミソラシ）を《雨こんこん》の出だしで調絃。教師は，うたは七から始まるので，七は動かさないことを言っておく。
単元構成	経験	○《雨こんこん》の音探しをして，弾けるようになる。 ○そこに「為為十」（ララミ）のオスティナート・パターンを繰り返して入れる。 ○ペアになって旋律役とオスティナート役を決めて，音を重ねる。
	分析	○《雨こんこん》で，単旋律のものとオスティナート付きのものを比較聴取する。
	再経験	○ペアで音を重ねて演奏をする。オスティナート・パターンは自分たちで創作してもよい。 ○イメージに合わせて，竹楽器や和の打楽器でリズム・オスティナート

		を付ける。〔箏の旋律＋箏のオスティナート＋和の打楽器の合奏〕
	評価	○リレー奏で発表していく。 ○単旋律とオスティナートの重なりの比較聴取のアセスメントシートで学習の確認をする。
備考		・学習に入る前に《雨こんこん》の手遊びをしておく。 ・ＤＶＤでは基準の七の絃を「ソ」としているので，オスティナートの「為為十」は「ラララミ」ではなく「ソソレ」となっている。

プログラムⅡ-4　わらべうたをカノンにして弾く

「カノンの重なりを意識してわらべうたを弾こう」（２時間）

準備		○絃４本（五六七八＝ミソラシ）に柱をおおまかに立てておく。七は調絃しておく。
指導内容		テクスチュア【カノンの重なり】
調絃		（爪無しで）柱をおおまかに立ててある４音の音階（五六七八＝ミソラシ）を《雨こんこん》の出だしで調絃。うたは七から始まるので，七は動かさないことを言っておく。
単元構成	経験	○《雨こんこん》の音探しをして，弾けるようになる。 ○クラスで２つのパートに分かれて，ズレて入り，カノンで重ねる。
	分析	○《雨こんこん》で，単旋律とカノンの重なりを比較聴取する。
	再経験	○カノンで音を重ねて演奏をする。入り方を変えてもよい。 ○イメージに合うよう，竹楽器や和の打楽器でリズム・オスティナートを付ける。〔先発の箏の旋律＋後発の箏の旋律＋打楽器の合奏〕
	評価	○リレー奏で発表していく。 ○単旋律とカノンの重なりの比較聴取のアセスメントシートで学習の確認をする。
備考		・箏で弾く前に，《雨こんこん》をカノンでうたっておく。

プログラムⅡ-5　民謡音階でできている《林の中から》を弾く

「民謡音階で《林の中から》を弾こう」（２時間）

準備	○絃５本（四五六七八＝レミソラシ）に柱をおおまかに立てておく。六（＝ソ）は調絃しておく。

		○爪有り（親指） ○10面ずつ向かい合わせ。手が見えるように。
指導内容		旋律【民謡音階】（構成原理【反復】）
調絃		《林の中から》で「レミソラシ」を調絃する。教師は，うたは六（ソ）から始まるので，六は動かさないことを言っておく。
単元構成	経験	○《林の中から》（ソラシシ／ラソミレ／ミソミソ／ラララ）の音探しをして，弾けるようになる。 ○《林の中から》が5つの音でできていることを知る。
	分析	○レミソラシの5音音階の《林の中から》と，ソラシのみの3音音階で弾いた《林の中から》（ソラシシ／ラソソソ／ソソソソ／ラララ）と比較聴取する。
	再経験	○《林の中から》をうたって弾けるように練習する。
	評価	○リレー奏で発表する。 ○そのとき，ペアの1人がピッチカート（四と六）で伴奏を付けてもよい。〔旋律＋ピッチカート伴奏の合奏〕 ○2種類の5音音階の比較聴取のアセスメントシートで学習の確認をする。
備考		・学習の前に《林の中から》の遊びをしておく。 ・遊びの中で替え歌が出てきたら，替え歌づくりを奨励する。 ・このプログラムは《豆がら》でもできる。

プログラムⅡ-6　竹楽器の音色を生かしてリズムを創作する

「竹楽器の音色を生かしてリズムをつくろう」（1時間）

準備		○竹楽器
指導内容		素材の音色【竹の音色】，リズムパターン
調絃		無し
単元構成	経験	○竹楽器を自由に音探究する。
	分析	○見つけた音を擬音語で紹介し，イメージを発言する。
	再経験	○《林の中から》と《豆がら》のうたのオスティナート伴奏として，竹楽器でリズムパターンをつくる。
	評価	○イメージを告げ，ペアでつくった竹楽器のリズムパターンをうたに付けて発表する。 ○アセスメントシートに，よく合っていたと思うリズムパターンを擬音

		語で表し,そのイメージを記述する。
備考		・学習の前に《林の中から》と《豆がら》の遊びをしてうたっておく。

プログラムⅡ-7 《豆がら》のふしに竹楽器で伴奏を付ける

「テクスチュアを意識してわらべうたに竹楽器を重ねよう」(1時間)

準備		○竹楽器 ○絃5本(四五六七八=レミソラシ)に柱をおおまかに立てておく。六と七は調絃しておく。 ○爪有り(親指) ○10面ずつ向かい合わせ。手が見えるように。
指導内容		テクスチュア【旋律とリズムの重なり】
調絃		《林の中から》で「レミソラシ」を調絃する。教師は,うたは六(ソ)から始まるので,六と七は動かさないことを言っておく。
単元構成	経験	○《豆がら》を箏で音を探って弾く。
	分析	○箏による旋律のみと竹楽器の伴奏が付いたものを比較聴取する。
	再経験	○グループで《豆がら》の箏の旋律に,竹楽器でオスティナート伴奏にするリズムパターンをつくって合わせる。
	評価	○イメージを告げ,グループでつくった竹楽器のリズムパターンを箏の旋律に付けて発表する。 ○単旋律とリズムパターンのついたものとの比較聴取のアセスメントシートで学習の確認をする。
備考		・《豆がら》の遊びをしてうたっておく。 ・教材としては《豆がら》の代わりに《林の中から》でも可能。

プログラムⅡ-8 箏のいろいろな奏法と音色を見つけて《林の中から》の替え歌を弾く

「箏のいろいろな音色を生かして自分たちの《○○の中から》を弾こう」(2時間)

準備	○絃5本(四五六七八=レミソラシ)に柱をおおまかに立てておく。六と七は調絃しておく。 ○爪有り(親指) ○10面ずつ向かい合わせ。手が見えるように。

付　録

指導内容		箏の奏法と音色【箏のいろいろな奏法と音色】
調絃		《林の中から》で「レミソラシ」を調絃する。教師は，うたは六（ソ）から始まるので，六と七は動かさないことを言っておく。
単元構成	経験	○《林の中から》の替え歌《○○の中から》をつくる。 ○ペアで《林の中から》の替え歌の（ソラシシ／ラソミレ／ミソミソ）の歌詞内容に合う擬音語を言い（「ラララ」に当たるところ），それに合った奏法と音色を探す。
	分析	○中間発表で，擬音語と探した奏法と音色を紹介し合い，それぞれの音色の違いを知覚し，その特質を感受する。
	再経験	○さらにイメージに合うよう，奏法と音色の工夫をする。
	評価	○題名を告げ，グループごとに発表する。 ○発表を聴いて，そこに使われた音色の知覚・感受を問うアセスメントシートに答える。
備考		・イメージ形成や歌詞の順番の確認のため，場面ごとに絵を書かせて前に貼ってもよい。

プログラムⅡ-9　箏の奏法「スクイ爪」を入れて《川の岸の水車》を弾く

「スクイ爪を入れておことを弾こう」（2時間）

準備		○絃5本（四五六七八＝レミソラシ）に柱をおおまかに立てておく。七は調絃しておく。 ○爪有り（親指） ○10面ずつ向かい合わせ。手が見えるように。
指導内容		箏の奏法と音色【スクイ爪】
調絃		《林の中から》で「レミソラシ」を調絃する。教師は，うたは七から始まるので，七は動かさないことを言っておく。
単元構成	経験	○《川の岸の水車》（ラーラー／ソーソー／ラララー／ミー）を弾けるようになる。
	分析	○スクイ爪を使った演奏と使わない演奏の比較聴取をし，スクイ爪の表現効果を知る。
	再経験	○スクイ爪を使って弾けるようになる。
	評価	○リレー奏で発表する。そこに水車が回っている様子を表すように，打楽器を付ける。〔箏の旋律＋打楽器の合奏〕 ○スクイ爪を使った演奏と使わない演奏の比較聴取のアセスメントシートで学習の確認をする。

備考	・《川の岸の水車》をうたって遊んでおく。

プログラムⅡ－10　箏の奏法「コロリン」を入れて《川の岸の水車》を弾く

「コロリンを入れておことを弾こう」（1時間）

準備		○絃5本（四五六七八＝レミソラシ）に柱をおおまかに立てておく。七は調絃しておく。 ○爪有り（親指） ○10面ずつ向かい合わせ。手が見えるように。
指導内容		箏の奏法と音色【コロリン】
調絃		《林の中から》で「レミソラシ」を調絃する。教師は，うたは七から始まるので，七は動かさないことを言っておく。
単元構成	経験	○《川の岸の水車》（ラーラー／ソーソー／ラララー／ミー）を弾けるようになる。 ○ふしにコロリン（ラ　ラソミ）を入れる。
	分析	○コロリンを使った演奏と使わない演奏の比較聴取をし，コロリンの表現効果を知覚・感受する。
	再経験	○コロリンを使って弾けるようになる。
	評価	○リレー奏で発表する。そこに水車が回っている様子を表すように，打楽器を付ける。〔箏の旋律＋打楽器の合奏〕 ○コロリンを使った演奏と使わない演奏の比較聴取のアセスメントシートで学習の確認をする。
備考		・《川の岸の水車》をうたって遊んでおく。

プログラムⅢ　小学校高学年（5・6学年）

プログラムⅢ－1　平調子で《さくらさくら》を弾く

「平調子を意識して《さくらさくら》を弾こう」（2時間）

準備	○絃13本に柱をおおまかに立てておく。七を合わせておき，七を基準に平調子に調絃させる。あるいは《林の中から》を弾いた民謡音階で《さくらさくら》の最初を弾かせておかしいと思わせる。

		○爪有り
指導内容		旋律【都節音階（平調子）】，箏の奏法と音色【カラリン】
調絃		《さくらさくら》を使って13絃すべて平調子に調絃する。
単元構成	経験	○《さくらさくら》の音探しをして弾けるようにする。
	分析	○民謡音階で弾く《さくらさくら》と平調子の《さくらさくら》とを比較聴取する。
	再経験	○平調子を感じて《さくらさくら》を弾く。 ○「カラリン」を知り，最後に入れて弾く。
	評価	○リレー奏で発表をする。 ○民謡音階のふしと都節音階（平調子）のふしの比較聴取のアセスメントシートで学習の確認をする。
備考		・《さくらさくら》をうたっておく。《うさぎうさぎ》でも可。

プログラムⅢ-2　問答の形式を生かして平調子で《うさぎ》を弾く

「平調子を意識して《うさぎ》で問答をしよう」（2時間）

準備		○絃13本に柱をおおまかに立てておく。七を合わせておき，七を基準に平調子に調絃させる。 ○爪有り
指導内容		旋律【都節音階（平調子）】，構成原理【問いと答え】
調絃		《さくらさくら》で13絃すべて平調子に調絃する。
単元構成	経験	○問い（前半六六七（ファーファラ）／八七八（シラシ）／六六六七（ファファファラ）／八七八（シラシ））と答え（後半七八九九（ラシドド）／八七六五（シラファミ）／七六五（ラファミー）／六五四（ファミレ*ー）／五（ミ））パートに分かれて《うさぎ》の音探しをして，問いと答えになっていることを知る。 ○問いと答えを交代して全曲弾けるようにする。
	分析	○民謡音階で弾く《うさぎ》と平調子の《うさぎ》とを比較聴取する。 ○1人で淡々と弾く《うさぎ》と，2人で問いと答えを呼応させて弾く《うさぎ》とを比較聴取する。
	再経験	○イメージする情景をスケッチする。 ○平調子を感じて，《うさぎ》の問いと答えを互いに聴き合って弾く。
	評価	○リレー奏で発表をする。 ○民謡音階のふしと都節音階（平調子）のふしの比較聴取のアセスメン

		トシートで学習の確認をする。
備考		・まず《うさぎ》の問いと答えをうたでやっておく。箏で弾く場合は音域が高くなるので、うたのときは箏に合わせず、うたいやすい音域でうたう。 ・（＊の説明）最後の「みて はーーねーる」の音階から外れる「ね」の四の音は、はじめから五の柱の左2～3センチのところに立てて「レ」の音にしておくか、あるいは左手で強押しして「レ」をつくらせる。

プログラムⅢ-3　副旋律を付けて《さくらさくら》を弾く

「副旋律を重ねて《さくらさくら》を弾こう」（1時間）

準備		○絃13本に柱をおおまかに立てておく。七を合わせておき、七を基準に平調子に調絃させる。 ○爪有り
指導内容		テクスチュア【主旋律と副旋律】
調絃		《さくらさくら》で13絃すべて平調子に調絃する。
単元構成	経験	○《さくらさくら》を弾く。 ○そこに、教師が副旋律を入れる。
	分析	○単旋律《さくらさくら》と副旋律の付いた《さくらさくら》とを比較聴取する。
	再経験	○ペアで主旋律と副旋律を合わせて《さくらさくら》を弾く。
	評価	○リレー奏で発表をする。〔箏の主旋律＋箏の副旋律の合奏〕 ○単旋律と副旋律付きの比較聴取のアセスメントシートで学習の確認をする。
備考		・副旋律は楽譜をそのまま奏させるのではなく、子どもの実態に応じたものにする。

プログラムⅢ-4　《うさぎ》に前奏と後奏をつくる

「様子を思い浮かべて《うさぎ》に前奏と後奏をつくろう」（2時間）

準備	○絃13本に柱をおおまかに立てておく。七を合わせておき、七を基準に平調子に調絃させる。

指導内容		○爪有り
指導内容		箏の奏法と音色【箏のいろいろな奏法と音色】
調絃		《さくらさくら》で13絃すべて平調子に調絃する。
単元構成	経験	○《うさぎ》を弾き，イメージに合う前奏と後奏を考える。 ○箏のいろいろな音色や奏法（スクイ爪，押し手，カラリン，コロリン，ピッチカート等）を思い出し，前奏，後奏として使ってみる。
	分析	○2，3ペアの中間発表をし，そこで使われた音色を知覚・感受し，奏法とイメージとの関係を確認する。
	再経験	○さらに《うさぎ》の前奏と後奏を工夫する。 ○うたの部分にオスティナートをつくって付ける。
	評価	○リレー奏で発表をする。 ○発表を聴いて，そこに使われた音色の知覚・感受を問うアセスメントシートに答える。
備考		・「経験」で，たとえば箏のいろいろな奏法を使っている湯浅譲二作曲《蕪村五句〜 狐火の燃えつくばかり枯尾花》（吉村七重演奏）を一部聴かせると，子どもは活動のイメージがもちやすい。

プログラムⅢ-5　琉球音階で自由に音楽づくりをする

「琉球音階を使って箏でイメージを表す音楽をつくろう」（3時間）

準備		○絃13本に柱をおおまかに立てておく。七をラに合わせておく。 ○爪有り
指導内容		音階【琉球音階】，イメージと構成要素との関係
調絃		13絃すべて琉球音階に調絃する。ミ（五）♯ソ（六）ラ（七）シ（八）♯レ（九）ミ（十）。
単元構成	経験	○ペア形態で，個々人4×2小節の短いふしをつくる。記憶のために好きな書き方で書きとめる（縦譜，数字譜，階名等）。 ○2組のペアがグループになり，お互いのふしを聴き合い，それらを材料に取捨選択して，4×2×4の曲をつくる。
	分析	○2，3グループの中間発表をし，ふしから受けるイメージを交流する。
	再経験	○テーマを決めて，さらに表現の工夫をする。打楽器を入れたり，副旋律（オスティナートなど）を入れたり，箏のいろいろな奏法を入れたり，既習の内容を思い出して使う。

	評価	○演奏発表をして批評を交流する。 ○1つ演奏を選び，そこでの表現の工夫について記述する。 ○琉球音階を含むいろいろな音階の知覚・感受を問うアセスメントシートに答える。
備考		・箏は柱の立て方でいろいろな表現が生み出せることを理解させる。

プログラムⅣ　中学校1学年

プログラムⅣ-1　篠笛(しのぶえ)の奏法と音色を探究する

「篠笛の音色を意識してわらべうたを吹こう」（1時間）

準備		○1人1本，篠笛をもつ。
指導内容		篠笛の奏法と音色【篠笛の奏法と音色】
単元構成	経験	○篠笛で息の入れ方をいろいろ試して，音がなるコツを見つける。音が鳴るようにグループで交流する。
	分析	○篠笛とリコーダーとを比較聴取する。
	再経験	○クラスで，篠笛の音色をイメージしながら，《たこたこあがれ》のうたに篠笛1音（七＝シの音）で伴奏する。 ○1音か2音かを自分で選び，《たこたこあがれ》を吹いてみる。
	評価	○グループでリレー奏をしていく。箏(こと)を用意し，教師あるいは生徒が《たこたこあがれ》旋律を弾く。〔箏の主旋律＋篠笛伴奏の合奏〕 ○篠笛とフルートの音色の比較聴取のアセスメントシートに答え，学習の確認をする。
備考		・この時間内に篠笛の音が出ない生徒も，箏パートで合奏に参加できるようにする。

プログラムⅣ-2　箏・篠笛・打楽器で《こきりこ》を合奏する

「イメージをもって民謡を和楽器で合奏しよう」（4時間）

準備	○箏は柱(じ)無し。七を基準に民謡音階に調絃(ちょうげん)させる。 ○爪(つめ)有り

指導内容		テクスチュア【旋律とリズムの重なり】,《こきりこ》の文化的側面
調絃		《ひらいたひらいた》あるいは《林の中から》で民謡音階に調絃する。
単元構成	経験	○ビデオで《こきりこ》の文化的背景を知る。 ○うたに合わせて足取りを体験し,特有のリズムをつかむ。 ○ペアで《こきりこ》の音を探し,弾けるようになる。 ○旋律に和の打楽器でリズムを付ける。
	分析	○打楽器が入ったときと入らないときの比較聴取をし,打楽器の表現効果を知る。 ○《こきりこ》で使われる打楽器の由来や意味を知る。
	再経験	○グループで,イメージを相談し,和の打楽器パートと篠笛パートをつくって合奏をする。
	評価	○演奏発表をする。〔箏の主旋律＋声の囃子(はやし)言葉＋篠笛の響き＋打楽器リズムの合奏〕 ○リズムと旋律の重なりの知覚・感受を問うアセスメントシートに答え,学習の確認をする。
備考		・《こきりこ》には踊りが付いているので,うたうだけでなく,うたうと同時にその足取りをやることで音楽の動きが身体で把握できる。 ・生徒の実態に応じて,《こきりこ》の箏の旋律は前半と後半と担当を分けてもよい。あるいは主旋律とオスティナート伴奏担当を分担してもよい。

プログラムⅤ　中学校2・3学年

プログラムⅤ-1　三味線の奏法と音色を探究する

「音色を意識して三味線でわらべうたに伴奏を付けよう」（2時間）

準備		○2人1台,三味線をもつ。
指導内容		三味線の奏法と音色【三味線の奏法と音色】
単元構成	経験	○三味線の音探究をする。 ○三味線の基本的な弾き方を知る。 ○曲をうたいながら開放絃(かいほうげん)の1音で伴奏を付ける。
	分析	○三味線とギターを比較聴取する。
	再経験	○三味線の音色をイメージし,《たこたこあがれ》に三味線1,2音で伴奏する。

	評価	○グループでリレー奏をする。教師は箏を用意し,旋律を弾く。〔箏の主旋律＋三味線伴奏の合奏〕 ○三味線とギターの音色の比較聴取のアセスメントシートに答え,学習の確認をする。
備考		

プログラムⅤ-2　箏・篠笛(しのぶえ)・三味線で《さくらさくら》を合奏する

「《さくらさくら》を和楽器で合奏しよう」（3時間）

準備		○箏は柱をおおまかに立てておく。七を基準に都節音階(みやこぶし)（平調子(ひらちょうし)）に調絃させる。 ○爪(つめ)有り
指導内容		テクスチュア【箏・篠笛・三味線の音色の重なり】
調絃		《さくらさくら》で都節音階（平調子）に調絃する。
単元構成	経験	○ペアで箏で《さくらさくら》の音を探し,弾けるようになる。 ○そこに篠笛を入れる。
	分析	○篠笛が入ったときと入らないときの比較聴取をし,篠笛の表現効果を知る。 ○そこに三味線を加え,三味線の表現効果を知る。
	再経験	○グループで,箏,篠笛,三味線で合奏をする。
	評価	○リレーで発表をする。〔箏の主旋律＋篠笛＋三味線の合奏〕 ○音色の重なりの知覚・感受を問うアセスメントシートに答え,学習の確認をする。
備考		・《さくらさくら》はうたっておく。

プログラムⅤ-3　曲構成を考えて創作《天神祭》をつくり,箏・篠笛・三味線・太鼓で合奏する

「和楽器の音を重ねて創作《天神祭》を合奏しよう」（6時間）

準備	○箏は柱をおおまかに立てておく。七（＝ソ）を基準に民謡音階に調絃させる。 ○爪有り

指導内容		テクスチュア【旋律と旋律，旋律とリズムの重なり】，《天神囃子(てんじんばやし)》の文化的側面
調絃		《ひらいたひらいた》で民謡音階に調絃する。
単元構成	経験	○天神祭の映像を見る。 ○天神祭で聞こえてくる篠笛の旋律パターンや締め太鼓等のリズムパターンに注意を向けて，口唱歌を口ずさんだり，手で打ったりする。 ○リズムパターンを重ね合って楽しむ。 ○そこにお囃子の旋律を箏で教師が加え，傘踊りの身体表現をしてお囃子の動きを感受する。
	分析	○篠笛の旋律パターンのみと，それに打楽器のリズムが重なったものを比較聴取し，打楽器が重なることの表現効果を出し合う。
	再経験	○楽器の重なりを意識して，和楽器で《天神祭》の合奏をする。天神囃子のうたを担当する箏パートも入れ，各楽器パートの連結の仕方や重ね方を考えて和楽器合奏《天神祭》を構成する。
	評価	○クラスで発表する。〔箏の主旋律＋三味線・篠笛の副旋律＋打楽器リズムの合奏〕 ○能楽囃子で笛のみの演奏と，笛に打楽器（打ちもの）の入った演奏を比較聴取し，アセスメントシートに答え，学習の確認をする。
備考		・天神囃子には「傘踊り」という踊りが付いているので，合奏に合わせて足取りだけでもやりながら行列をしてみると，お囃子の動きがつかめる。

教材曲の数字譜

1 音階（▨は5音音階の一連のまとまりを示す。）

民謡音階（七の絃を「ラ」とした場合）

絃	一	二	三	四	五	六	七	八	九	十	斗	為	巾
音	ミ	ラ	シ	レ	ミ	ソ	ラ	シ	レ	ミ	ソ	ラ	シ

都節音階（平調子）（七の絃を「ラ」とした場合）

絃	一	二	三	四	五	六	七	八	九	十	斗	為	巾
音	ミ	ラ	シ	ド	ミ	ファ	ラ	シ	ド	ミ	ファ	ラ	シ

琉球音階（七の絃を「ラ」とした場合）

絃	一	二	三	四	五	六	七	八	九	十	斗	為	巾
音	ミ	ラ	シ	#レ	ミ	#ソ	ラ	シ	#レ	ミ	#ソ	ラ	シ

2 教材曲

プログラムⅠ-2《いもむしごろごろ》民謡音階

歌詞	い	も	む	し	ご	ろ	ご	ろ		ひょう	たん	ぽっ	くり	こ	
絃	七	七	六	六	七	七	七	○		七	七	七	八	七	五	五	○
ピッチカート	二		一		二		一			二		一		二		一	

○は休符。

プログラムⅠ-3《だるまさんがころんだ》民謡音階

歌詞	だ	るま	さん	が	こ	ろん	だ
絃	七	七	七	七	七	六	七

プログラムⅡ-2《なべなべそこぬけ》民謡音階

歌詞	な	べ	な	べ	そこぬ	け		そこが	ぬけたら	かえりま	しょ	
絃	七	六	七	六	七	七	七	○	七	七	七	八	七	六	七	○

○は休符。

付　録

プログラムⅡ－3 《雨こんこん》民謡音階

歌詞	あめ こん こん				ゆき こん こん				おらえの まえさ				たんと ふれ			
絃	七七	八	七	○	七七	八	七	○	五五五五	七	六六		七	八八	七	○
オスティナート	為	為	十	○	為	為	十	○	為	為	十	○	為	為	十	○

おてらの まえさ				ちっと ふれ				あめ こん こん				ゆき こん こん			
五五 五五	七	六六		七	八八	七	○	七七	八	七	○	七七	八	七	○
為	為	十	○	為	為	十	○	為	為	十	○	為	為	十	○

○は休符。

プログラムⅡ－5 《林の中から》民謡音階

歌詞	は	や	し	の	な	か	から		お	ば	け	が	にょ	ろにょ	ろ	
絃	六	七	八	八	七	六	五	四	五	六	五	六	七	七	七	○

○は休符。

プログラムⅡ－6 《豆がら》民謡音階

歌詞	ま	め	が	ら	が	らが	ら		さ	く	ら	の	しょーっ		こ	
絃	七	七	七	八	七	七	七	○	七	七	七	八	七	○	七	○

また		きて		くん		ぐり		ぐる		りと		まわ		れ	
七	七	七	六	五	五	五	六	七	七	七	六	七	七	七	○

○は休符。

プログラムⅡ－9 《川の岸の水車》 民謡音階

歌詞	か	わの	き	しの	み	ずぐる	ま		ぐ	るっ		と	ま	わっ	て	
絃	七	七	六	六	七∨	七∨	五	○	七	七	○	八	七	七	七	○

い	そ	い	で	ふたり	づ	れ		の	こ	り	は	お	に	よ		いちにっ	さん	
七	七	六	六	七∨	七∨	五	○	五	六	五	六	七	六	七	○	八	六	七 ○

∨はスクイ爪。○は休符。

プログラムⅢ－1 《さくらさくら》都節音階（平調子）

歌詞	さくらー	さくらー	やよいの	そらーはー	みわたす	かぎーりー
絃	七七八ー	七七八ー	七八九八	七八七六ー	五四五六	五五四三ー

かすみか	くもーかー	においぞ	いずーるー	いざやー	いざやー
七八九八	七八七六ー	五四五六	五五四三ー	七七八ー	七七八ー

みにゆーか	んーーー
五六八六	五ーーー

ーは音を延ばす。

プログラムⅢ－2 《うさぎ》都節音階（平調子）

歌詞	うーさぎ	うさぎ	なにみて	はねる
絃	六ー六七	八七八○	六六六七	八七八○

じゅうごや	おつきさま	みてはーー	ーねーるー	
七八九九	八七六五	七六五ー	六五×四ー	五ー○○

×は「四＝ド」を1音上げて、レの音に柱を立てておく。○は休符。

プログラムⅣ－1 《たこたこあがれ》民謡音階

歌詞	た こ	た こ	あ が	れ ー	て ん	ま で	あ が	れ ー
箏の絃	八 七	八 七	八 八	八 ー	八 七	七 七	八 八	八 ー
篠笛の音	七	七	七	七	七	七	七	七

プログラムⅣ－2 《こきりこ》民謡音階

歌詞	こ きり	こ の	オ た	け はア	し ちー	す んー	ごー ぶー	じゃ
絃	七 七六	七 九	八 九	十 十九	十九八	七 八九	八七 七六	七 ○

な がー	い はー	ア そ	で のー	か な	か いい	じゃー
五 六七	八 七六	五 六	四 五六	七 八	八 七六	七 ー

まどの	さん さも	でで れこ	でん	は れの	さん さも	でで れこ	でん
八 九	八 七六	七七 七六	七 ○	八 九	八 七六	七七 七六	七 ○

○は休符。

付録

プログラムⅤ－3 《天神囃子》民謡音階（七を「ソ」として調絃した民謡音階）
箏パート

五 △六	六 △六	七 △七	六 △七	五 △ヲ七	ヲ七 △ヲ七	七	○
八 △七	ヲ五 △五	ヲ五 △七	七 △五	二 △四	四 △四	五	○
四 △五	ヲ五 △七	五 △四	三 △二	四 △三	四 △三	二	○

「ヲ」は押して半音高く。○は休符。△は短い休符。

三味線パート（イ一＝レの音，一＝ソの音，1＝レの音に調絃し，開放絃で弾く。ただし，この曲では「イ一」は使わない。）

1 △1ス	一 △一ス	1 △1ス	一 △一ス	1	一	一	○
1 △1ス	一 △一ス	1 △1ス	一 △一ス	1	一	一	○
1 △1ス	一 △一ス	1 △1ス	一 △一ス	1	一	一	○

「ス」はバチをすくって弾く。○は休符。△は短い休符。

プログラムⅤ－3　民謡音階の調絃のための《ひらいたひらいた》

歌詞	ひ ー らいた	ひらいた	なんの はなが	ひらいた
箏の絃	七 － 七 六	七 七 六 五 ○	七 六 七 八	七 七 六 五 ○
れんげの はなが	ひらいた	ひらいた と	おもったら
七 七 七 八	七 七 六 五 ○	七 七 六 六	六 六 六 六
いつのまにか	つ ー う ー	ぼ ー ん ー	だ
八 八 九 八	七 － 八 七	六 － 六 －	七 ○

○は休符。

注：わらべうたは方言によってふしが変わるので，柔軟に，その土地の抑揚で音を変えて弾く。
　　数字譜は本来縦譜であるが，西洋音楽になれている教師向けに横に示している。子どもに示す場合は縦譜にする。
　　ここでの数字譜は，音を探って弾くときの教師のために示しているので，見やすいようにうたの言葉に合わせている。西洋音楽でいう拍子や小節を意識していない。

おわりに

　本プログラムは，学力育成に寄与する伝統文化の教育を実現するために，義務教育9年間の和楽器合奏の教材プログラムとして開発されました。このプログラムは和楽器の演奏技能の習得を目指すのではなく，和楽器合奏を教材とすることで子どもたちの伝統的な音楽性を覚醒させ，知覚・感受を核とする音楽科の学力育成を主眼とするところに独自性をもつものです。そこで音探究から音のコミュニケーションを通して合奏を形成していく生成のアプローチをとりました。活動内容としては，わらべうたと箏による音楽経験を中心として，そこに竹や和の打ち物を加え，中学校ではさらに篠笛，三味線を加えることで音楽経験の発展をはかっていきました。

　明治以来西洋文化が中心であった教育課程に日本の伝統文化を位置づけることは容易ではありません。音楽科では，平成11, 20年の中学校学習指導要領改訂では和楽器演奏及び民謡，長唄等声の伝統音楽が必修になり，教員免許法も和楽器や伝統的な歌唱を含めて改訂されました。しかし，このような国の方針にもかかわらず，学校教育での伝統音楽の実践はイベント的な体験あるいは町のお師匠さんの演奏法の伝授にとどまっているのが現状ではないでしょうか。そこで，すべての子どもに，教科としての学力を形成する伝統文化教育の実現のためには，学校教育の目的と組織に即した系統だった教材プログラムを開発することが急務と考えました。

　そして，学力形成に寄与する教材プログラム開発のための基礎理論として，生成の原理に着目しました。音楽の生成過程に基づき，音楽科としての指導内容を明確にした授業デザインを行えば，伝統音楽を教材としようとも子どもたちが現代に生きる自らの感性を組み入れ表現していく創造的な教育が実現でき，学校教育としての学力形成に寄与する和楽器指導の新たな形が提案できるのではという見通しを得ることができました。

　和楽器教育は和文化の趣味の育成ではなく，すべての子どもを，借り物ではない，地に足をつけた表現者にするところにその必要性をもつと考えます。日本に生活するだれもが指導でき，だれもが学習できるそんなプログラムを目指しました。一度実践してみれば今までに見たことのない子どもの反応に驚くのではないかと思います。今後，本プログラムを実践された方々からご意見をいただき，プログラムの改善を図っていきたいと思います。

　本プログラムの開発は，114ページにお名前を載せさせていただいた方々のご協力なくしては不可能でした。こころより感謝いたします。また，本書の出版にあたってお世話いただきました黎明書房の武馬久仁裕社長，編集の都築康予氏に深く感謝申し上げます。

小島律子

ＤＶＤ収録プログラムリスト

番号	活動内容	授業者
プログラムⅠ－1－1	箏のいろいろな音色を探究する（13絃）	小川由美
プログラムⅠ－1－2	箏のいろいろな音色の探究をして音楽づくりをする（3絃）	横山朋子 鉄口真理子
プログラムⅠ－2	ピッチカートでうたに伴奏を付ける《いもむしごろごろ》	小川由美
プログラムⅠ－3	2音（高低）のわらべうたのふしを弾く《だるまさんがころんだ》	横山朋子
プログラムⅠ－4	2音で問答を即興創作する《あそぼ，いいよ》	中村愛
プログラムⅡ－1	爪をつけて2つの音で基本奏法をする《だるまさんがころんだ》	小川由美
プログラムⅡ－2	3音のわらべうたのふしを弾く《なべなべそこぬけ》	小川歩
プログラムⅡ－3	旋律にオスティナートを重ねる《雨こんこん》	椿本恵子
プログラムⅡ－5	民謡音階でできている《林の中から》を弾く	小川歩
プログラムⅡ－6	竹楽器の音色を生かしてリズムを創作する	小川歩
プログラムⅡ－7	《豆がら》のふしに竹楽器で伴奏を付ける	小川歩
プログラムⅡ－8	箏のいろいろな奏法と音色を見つけて《林の中から》の替え歌を弾く	小川歩
プログラムⅡ－9	箏の奏法「スクイ爪」を入れて《川の岸の水車》を弾く	小川歩
プログラムⅢ－1	平調子で《さくらさくら》を弾く	小川歩
プログラムⅢ－3	副旋律を付けて《さくらさくら》を弾く	小川歩
プログラムⅢ－4	《うさぎ》に前奏と後奏をつくる	椿本恵子
プログラムⅣ－1	篠笛の奏法と音色を探究する《たこたこあがれ》	楠井晴子
プログラムⅣ－2	箏・篠笛・打楽器で《こきりこ》を合奏する	楠井晴子
プログラムⅤ－1	三味線の奏法と音色を探究する	楠井晴子
プログラムⅤ－2	箏・篠笛・三味線で《さくらさくら》を合奏する	楠井晴子
プログラムⅤ－3	曲構成を考えて創作《天神祭》をつくり箏・三味線・篠笛・太鼓で合奏する	楠井晴子

ナレーション　竹中紗也子

プロジェクトのメンバー （所属，肩書きはプロジェクト当時のもの）

代表：小島律子（大阪教育大学）
協力者：菊冨士純子（箏演奏家，大阪教育大学非常勤講師）
　　　　奥田有紀（打楽器演奏家，大阪教育大学非常勤講師）

附属校関係
◆ 2008 年度
　附属平野小学校：松本康子，椿本恵子，小川由美
　附属平野中学校：手塚悦子
◆ 2009 年度
　附属平野小学校：松本康子，椿本恵子，小川由美
　附属平野中学校：手塚悦子
◆ 2010 年度
　附属平野小学校：松本康子，椿本恵子
　附属平野中学校：手塚悦子
◆ 2011 年度
　附属平野小学校：椿本恵子，小川歩，横山朋子
　附属平野中学校：手塚悦子
◆ 2012 年度
　附属平野小学校：椿本恵子，小川歩，横山朋子，鉄口真理子
　附属平野中学校：手塚悦子
◆ 2013 年度
　附属平野小学校：椿本恵子，小川歩，鉄口真理子，中村愛
　附属平野中学校：楠井晴子

公立学校の協力員
　井上薫（藤井寺市立道明寺東小学校），衛藤晶子（大阪市立阪南小学校），鉄口真理子（大阪市立立葉小学校），松本康子（大阪市立巽東小学校）

大阪教育大学大学院生
　兼平佳枝，安藤久仁子，小野坂緑，竹中紗也子，田代若菜，洞孔美子，朝日映吏，宇都まりこ，安井真由香，浅野幸乃，硯阿哉子，石光政徳，石田由希，中村愛，藪明子，和田阿佐香

助成
　2009 年度大阪教育大学学長裁量経費
　2010 年度大阪教育大学戦略重点経費
　2011 年度大阪教育大学戦略重点経費，科学研究費課題番号 23531255
　2012 年度大阪教育大学戦略重点経費，科学研究費課題番号 23531255
　2013 年度科学研究費課題番号 23531255

著者紹介

小島律子

　大阪教育大学教授・博士（教育学）
　名古屋大学大学院教育学研究科博士課程単位取得退学
　専門　音楽教育学，特に表現教育論，音楽科の授業論

〔主な著書〕

『子どもの音の世界―楽譜のない自由な「曲づくり」から始まる音楽教育』（共著，黎明書房），『構成活動を中心とした音楽授業による児童の音楽的発達の考察』（単著，風間書房），『総合的な学習と音楽表現』（共著，黎明書房），『音楽による表現の教育』（共編著，晃洋書房），『日本伝統音楽の授業をデザインする』（監修，暁教育図書），『学校における「わらべうた」教育の再創造―理論と実践―』（共著，黎明書房），『楽器づくりによる想像力の教育―理論と実践―』（共著，黎明書房），『生活感情を表現するうたづくり―理論と実践―』（共著，黎明書房）。

〔学術論文〕

「戦後日本の『音楽づくり』にみられる学力観―『構成的音楽表現』からの問い直し―」『学校音楽教育研究』（日本学校音楽教育実践学会紀要第9巻），「知性と感性を総合する教育方法としての『オキュペーション』概念―イマジネーションに注目して―」（日本デューイ学会紀要第46号）。

〔その他〕

「中学校学習指導要領（音楽）の改善に関する調査研究協力者」「高等学校学習指導要領（芸術・音楽）の改善に関する調査研究協力者」「評価規準，評価方法等の研究開発のための協力者」。

義務教育9年間の和楽器合奏プログラム

2015年8月20日　初版発行	著　者	小　島　律　子	
	発行者	武　馬　久仁裕	
	印　刷	藤原印刷株式会社	
	製　本	協栄製本工業株式会社	

発　行　所　　株式会社　黎明書房

〒460-0002　名古屋市中区丸の内3-6-27　EBSビル　☎052-962-3045
　　　　　　FAX 052-951-9065　振替・00880-1-59001
〒101-0047　東京連絡所・千代田区内神田1-4-9　松苗ビル4階
　　　　　　☎03-3268-3470

落丁本・乱丁本はお取替します。　　　　　　ISBN978-4-654-01920-5
Ⓒ R.Kojima 2015,Printed in Japan

学校における「わらべうた」教育の再創造 ―理論と実践― （DVD付き）

小島律子・関西音楽教育実践学研究会著　Ａ５上製・159頁　2500円

現代の子どもに必要な，ものやひととかかわろうとする意欲を取り戻す，新しい「わらべうた教育」の考え方・進め方。実践の様子がわかるＤＶＤ付き。

楽器づくりによる想像力の教育 ―理論と実践― （DVD付き）

小島律子・関西音楽教育実践学研究会著　Ａ５上製・158頁　2500円

音探究と音楽づくりが一体となった「構成活動」としての楽器づくりにより，子どもたちの想像力を養うことをめざした画期的な音楽教育の理論と実践。

生活感情を表現するうたづくり ―理論と実践― （DVD付き）

小島律子・関西音楽教育実践学研究会著　Ａ５上製・160頁　2500円

わくわくしたこと，気づいたことなど，子どもたちの生活の中で抱くイメージや感情を，《売り声》《○○音頭》など馴染み深いうたのふしにのせて表現する「うたづくり」の理論と実践を詳述。

総合的な学習と音楽表現

西園芳信・小島律子著　Ａ５・148頁　1700円

総合的な学習の時間に，音楽表現をどのように組み入れていけばよいのかを，表現の原理から解明する。「教科」と「総合」の関連を明確にしながら詳述。

肢体不自由のある子の楽しいイキイキたいそう（ＣＤ付き）

金子直由・溝口洋子・北村京子著　Ｂ５・92頁　2400円

無理せず楽しく体を動かせる，園や学校で大好評の「イキイキたいそう」を紹介。体の動かし方，援助の仕方をイラストで解説。歌と伴奏の音楽ＣＤ（全32曲）付き。

改訂版 障がいの重い子のための「ふれあい体操」（ＣＤ付き）

特別支援教育＆遊びシリーズ②　丹羽陽一・武井弘幸著　Ｂ５　99頁　2400円

愛情いっぱいのふれあいと歌を通して子どもの身体感覚に働きかけ，身体意識を高める「ふれ愛リラックス体操」「ふれ足体操」「ふれっ手体操」などをＣＤ付きで紹介。学校や家庭ですぐ使えます。

特別支援教育の授業を「歌で盛り上げよう！」 ―歌入りＣＤ・カラオケＣＤ付き―

特別支援教育＆遊びシリーズ④　武井弘幸著　小島薫協力　Ｂ５・83頁　3000円

学習活動を行う前や活動をしながら一緒に歌ったり，ＢＧＭとして使ったりして，授業を盛り上げることができる著者オリジナルの31曲を，授業での使い方とともに紹介。

おもしろすぎる音楽５分間話①／おもしろすぎる音楽５分間話②

武川寛海著　各Ｂ６・92～94頁　各1300円

①は有名な作曲家の生い立ちやエピソードなど興味深い16話を，②は楽器の成り立ちや役割がわかる楽器の話など思わず引き込まれる17話を収録。『音楽が好きになる５分間話』を２分冊し，改版・解題。

山崎治美の楽しいわらべうたあそび集 ―楽しさ伝わる著者の歌声ＣＤ付き―

山崎治美著　Ｂ５・100頁　2200円

子どもも大人も世代を超えて楽しめる素晴らしいわらべうた・あそびうたが，著者オリジナルの遊びで新しくよみがえりました。著者による全29曲の歌唱ＣＤ付き。

表示価格は本体価格です。別途消費税がかかります。

■ホームページでは，新刊案内など，小社刊行物の詳細な情報を提供しております。「総合目録」もダウンロードできます。
http://www.reimei-shobo.com/